清賞叢書

琴史

〔宋〕朱長文 著

清賞叢書

〔宋〕朱長文 著

琴史

廣陵書社

中國·揚州

圖書在版編目（CIP）數據

琴史 / （宋）朱長文著. -- 揚州 : 廣陵書社, 2023.8
（清賞叢書）
ISBN 978-7-5554-2038-5

Ⅰ. ①琴… Ⅱ. ①朱… Ⅲ. ①古琴—音樂史—中國 Ⅳ. ①J632.319

中國國家版本館CIP數據核字(2023)第123978號

ISBN 978-7-5554-2038-5

9 787555 420385 >

琴史

著者 〔宋〕朱長文
責任編輯 戴敏敏
出版人 曾學文
出版發行 廣陵書社
社址 揚州市四望亭路2-4號
郵編 二二五〇〇一
電話 （〇五一四）八五二二八〇八一（總編辦）
八五二二八〇八八（發行部）
印刷 揚州文津閣古籍印務有限公司
版次 二〇二三年八月第一版
印次 二〇二三年八月第一次印刷
標準書號 ISBN 978-7-5554-2038-5
定價 壹佰叁拾捌圓整（全二册）

微信二維碼
微博二維碼

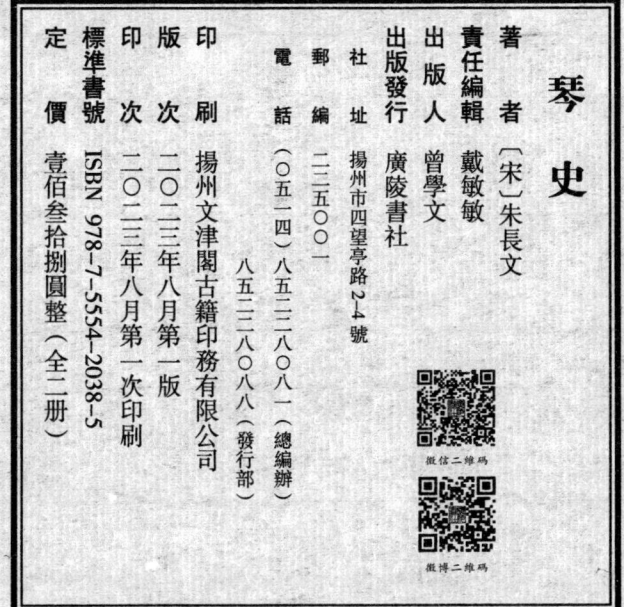

http://www.yzglpub.com E-mail:yzglss@163.com

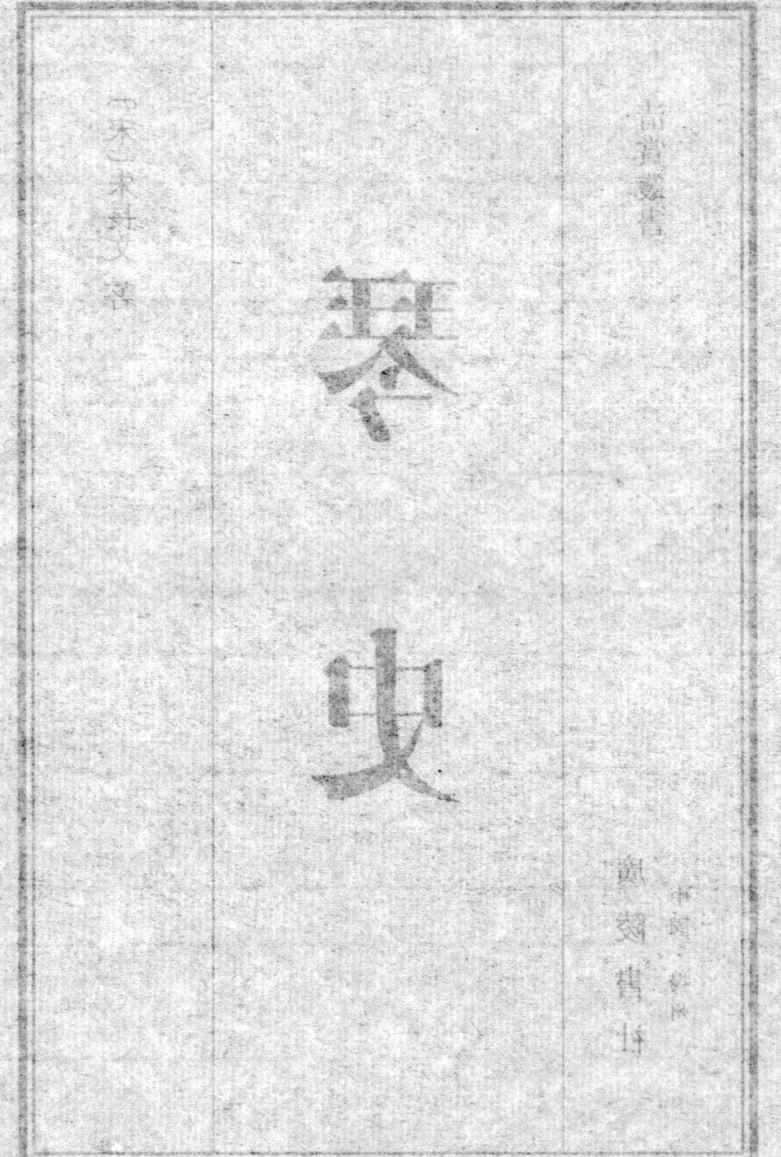

清賞叢書序

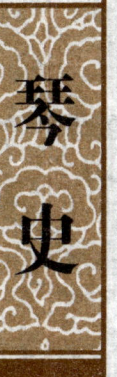

現代生活多姿多彩，而閱讀是一場永恒的心靈之旅；傳統文化包羅萬象，而經典是一泓不朽的精神源泉。傳統經典中既有莊重典雅的經史著作，也有温柔敦厚的詩詞文集，還有許多别具風格的藝術小品，如涓涓清泉，汩汩流淌，清新雅致，妙趣横生，賞讀品玩，回味無窮。于是我們彙集此類典籍，編爲《清賞叢書》，希望打造一套與《文華叢書》相得益彰的經典叢書，讓喜好傳統文化的讀者，享受古典之美，欣賞風雅之樂。

清新脱俗，是謂清；賞心悦目，是謂賞。這套《清賞叢書》的宗旨，就是擷取古人所稱清玩之物、清雅之言，以藝術賞鑒和生活消閑類作品爲主，内容包括品鑒、養生、園藝、書畫、飲食等。仍採用宣紙綫裝的形式，經典内容與傳統形式珠聯璧合，古樸雅致，韵味無窮。

『林泉到處資清賞，翰墨隨緣結古歡。』一册在手，可品紅塵之閑趣，發思古之幽情。恍若置身古人的心靈家園，領悟經年纍月積澱的人生智慧，如品佳釀，如沐春風，喜悦自心而生，感悟隨時而長。

廣陵書社編輯部

二〇一八年七月

出版説明

《琴史》是現存最早記述古琴藝術的音樂史專著。作者朱長文（一〇三九—一〇九八），字伯原，號樂圃，蘇州人，北宋著名學者，尤擅《春秋》之學。朱長文出身世家，十九歲高中進士。次年授職，不慎墜馬傷足，後絶意仕進。家居二十餘年，筑『乐圃坊』，以讀書著書爲樂，當時士大夫過蘇州，以不至乐圃爲耻，名動京師。後由蘇軾、孫覺等人推薦，已近耳順之年的朱長文起爲蘇州教授，召爲太學博士，遷秘書省正字、秘閣校理等。

朱長文祖父朱憶善琴，朱憶之姊亦工于琴，被吴越王『納籍有司』，後人宋太宗宮掖。朱憶隨之被召，爲宋太宗鼓琴，并待詔翰林，從此踏上仕途，官至内殿崇班、閤門祇候，卒贈刑部尚書。朱憶曾收藏有一張名爲『玉磬』的唐琴，後輾轉歸于朱長文。家族先人善琴并因此入仕，大概是朱長文編撰《琴史》的重要背景。朱長文《序》云：『余經述之暇，每願學焉。而病故相仍，是以未就。嘗謂書畫之事，古人猶多編述，而琴獨未備，竊用慨然。』朱長文未能繼承家族精湛的琴藝，但時常感慨琴學文獻的匱乏散亂，同時也因『方當朝廷成太平之功，謂宜製禮作樂，比隆商周』，所以在家居的那段時間裏，爬梳大量史料，撰成了《琴史》一書。

《琴史》共六卷，前五卷以紀傳體形式，按時間先後次序，記録了一百五十多位琴人的事迹，遠至上古時期的堯舜禹，迄于

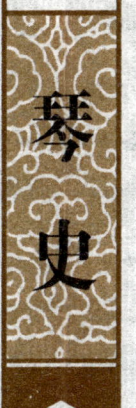

北宋的歐陽修、趙閲道。見于書中的琴人，大致可以分爲兩類，一類如周公、商山四皓、謝安、文中子、白居易、范仲淹等，是與琴道、琴藝有所關聯的聖賢、名士，甚至收録了不諳琴藝、衹會撫弄無弦素琴的陶淵明，衹因其『但得琴中趣，何勞弦上聲』的隱逸高風；另一類則是職業從事的琴師和專修技藝的琴家，如彈琴引發『赤地三年』灾害的師曠、高山流水會子期的伯牙、聽琴能辨殺人心的蔡邕、竹林七賢之一的嵇康、善彈三百首琴曲的薛易簡等。《琴史》卷六爲琴論，共十一篇，分别爲瑩律、釋弦、明度、擬象、論音、審調、聲歌、廣制、盡美、志言和叙史，論述琴的形制、技法以及體用關係、美學思想等，是重要的琴學文獻。

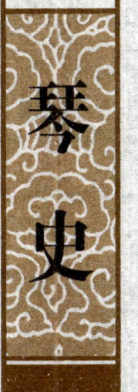

《琴史》的主要旨趣不離儒家正統，『琴以載道』『琴以养德』的思想貫穿始終，如卷一于聖王先賢無不記載，而孔子尤爲詳備。卷六《叙史》亦明白揭櫫：『夫琴者，閑邪復性，樂道忘憂之器也。』古琴外形修長，典雅肅穆，被視作樂器中的『聖賢君子』。演奏時，以左手的吟猱綽注和右手的勾剔抹挑交錯配合，『急若繁星不亂，緩若流水不絶』，極富表現張力，非常適合獨奏。在幾千年的變化演進中，古琴成爲文人士夫的象徵符號之一，形成了具有獨特審美旨趣的古琴文化。

古琴之古，不僅在琴，亦在于樂，僅現存的古譜便有三千多首，而最負盛名者當屬《廣陵散》。民間傳聞，嵇康死後，《廣陵》絶響。其實這首古曲并未失傳，歷代皆有傳習，曲譜完整地保留

至今。《廣陵散》又名《廣陵止息》《聶政刺韓王曲》，《琴史》書中有不少相關記載，可以窺見唐宋以前的流傳情況：曹魏時人杜夔『妙于《廣陵散》』，『嵇康就其子孟求得此聲』。其後袁準向嵇康求教，被嵇康拒絕而『竊傳其曲』。東晋有琴家戴顒爲衡陽王劉義季彈奏《廣陵止息》。唐開元間，宰相之子韓皋『生知音律』，『聞鼓琴至《止息》，嘆曰：美哉，嵇康之爲是曲！』天寶以後，有琴家陳康、孫希裕能彈《廣陵散》。又有陳拙以《廣陵散》譜求孫希裕教誨，没想到孫希裕不但拒絕，還將曲譜焚之，并說道：『《廣陵散》乃嵇叔夜憤嘆之詞，吾不欲傳者，爲傷國體也。』後來，陳拙從另一位琴家梅復元處學得了《止息》之曲。

孫希裕指摘『傷國體』之辭，與古人以『宮商角徵羽』比附『君臣民事物』的觀念有關，《史記·樂書》云：『宮亂則荒，其君驕。商亂則搥，其臣壞。』《廣陵散》用少見的『慢商調』演奏，將正調本爲商音的二弦調爲宮音，正合古人所謂『臣凌君』之相，朱熹就曾批評：『琴家最取《廣陵散》操，以某觀之，其聲最不和平，有臣凌君之意。』從樂理上講，『慢商調』不過是用雙宮弦來加强低音，配合指法在高潮階段演繹出『紛披燦爛，戈矛縱横』的震撼效果。《廣陵散》恰如其主題『聶政刺韓王』，歌頌了一位平民與權貴階層、社會不公抗争的勇氣，正可用來寄託悲哀憤懣而無處發泄的內心情感，然而在封建衛道者的眼裏，却成了悖逆之曲，欲絶弦爐譜而後快，這實在是過度解讀和思想禁錮。但换個角度看，朱熹的批評其實從側面證實了，一直到宋代，《廣陵散》依然受到琴人追捧。不過其曲規模宏大，指法繁難，除了高手，一般人難以掌握，限制了進一步流傳。就《琴史》而言，其對《廣陵散》的記述相對客觀，朱長文并未輕下論斷，妄論是非，衹是忠實記録史料，考證其流傳，可見態度審慎，這在宋代學者文人競爲新説的風氣下，尚屬難得。

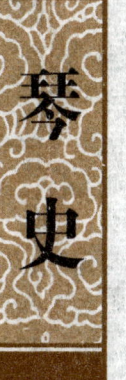

《琴史》雖然是一部小衆的專門史，歷代却流傳有不少版本。《琴史》成書大約在元豐年間，不過朱長文在世時并未付諸梨棗，而是遲至一百多年後的南宋紹定年間，才由其侄孫朱正大刊梓。這是《琴史》最早的版本，簡稱紹定本。目前較爲通行的清康熙曹寅刻楝亭十二種本，簡称楝亭本，即以紹定本爲底本。乾隆三十一年沈德潛就閑堂刻本，則是覆刻并補正楝亭本。

刻本之外，《琴史》的抄本系統較爲複雜，有曾藏于鐵琴銅劍樓的明抄本，又有《四庫全書》本、天一閣抄本、吴焯校跋本等。

本次點校整理，以通行的楝亭本爲底本，參校就閑堂本、鐵琴銅劍樓明抄本，輔以他校，擇善而從。本書進行了適當選編，選出《琴史》中具有代表性的琴人傳記和琴論，同時配以與琴相關的歷代書畫，旨在眉目清爽，賞心悦目，避免煩重難讀之困擾。

整理者學識尚淺，錯漏在所難免，祈請讀者不吝賜正，幸甚幸甚！

廣陵書社編輯部

二〇二三年七月

目録

卷五

卷六

琴史序

琴之爲器，起於上皇之世，後聖承承，益加潤飾。其材則鍾山水之靈氣，其制則備律吕之殊用。可以包天地萬物之聲，可以考民物治亂之兆。是謂八音之輿，衆樂之統也。自伏羲作琴而樂由此興，女媧氏之笙簧，朱襄氏之瑟，葛天氏之八闋，陰康氏之舞，伊耆氏之土鼓、蕢桴、葦籥，源源以流。黄帝作《咸池》，少皞作《大淵》，帝嚳作《六英》，堯之《大章》，舜之《九韶》，皆資琴以成樂。三代之盛，此爲重焉。

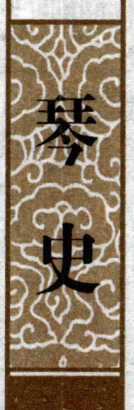

《周官·大司樂》云『龍門之琴瑟』，奏之宗廟也。《關雎》之詩云『窈窕淑女，琴瑟友之』，施之房中也。《鹿鳴》之詩云『我有嘉賓，鼓瑟鼓琴』，作之朝廷也。《禮》云『春誦夏弦，太師詔之』，教之庠序也。『士無故不徹琴瑟』，施之閨門也。故奏之宗廟，則祖考來格；用之房中，則后妃和順；作之朝廷，則君臣恭肅；教之庠序，則俊造成德；施之閨門，則長幼咸序，是以動蕩血脉，通流精神，充養行義，防去淫佚。至於移風易俗，遷善遠罪而不知者，琴之德也。故古之君子未嘗不知琴也。達則推其和以兼濟天下，窮則寓其志以獨善一躬。其操弄遺名，或傳於今。

孔子既没，下逮戰國，禮樂廢缺，人忘其學。浸及漢唐之間，

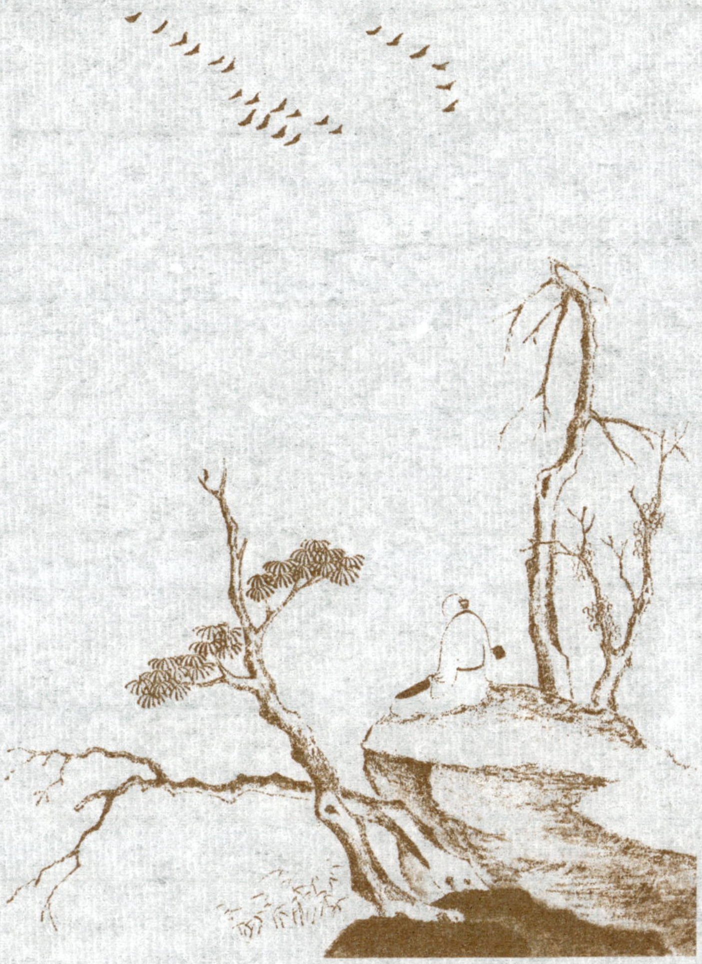

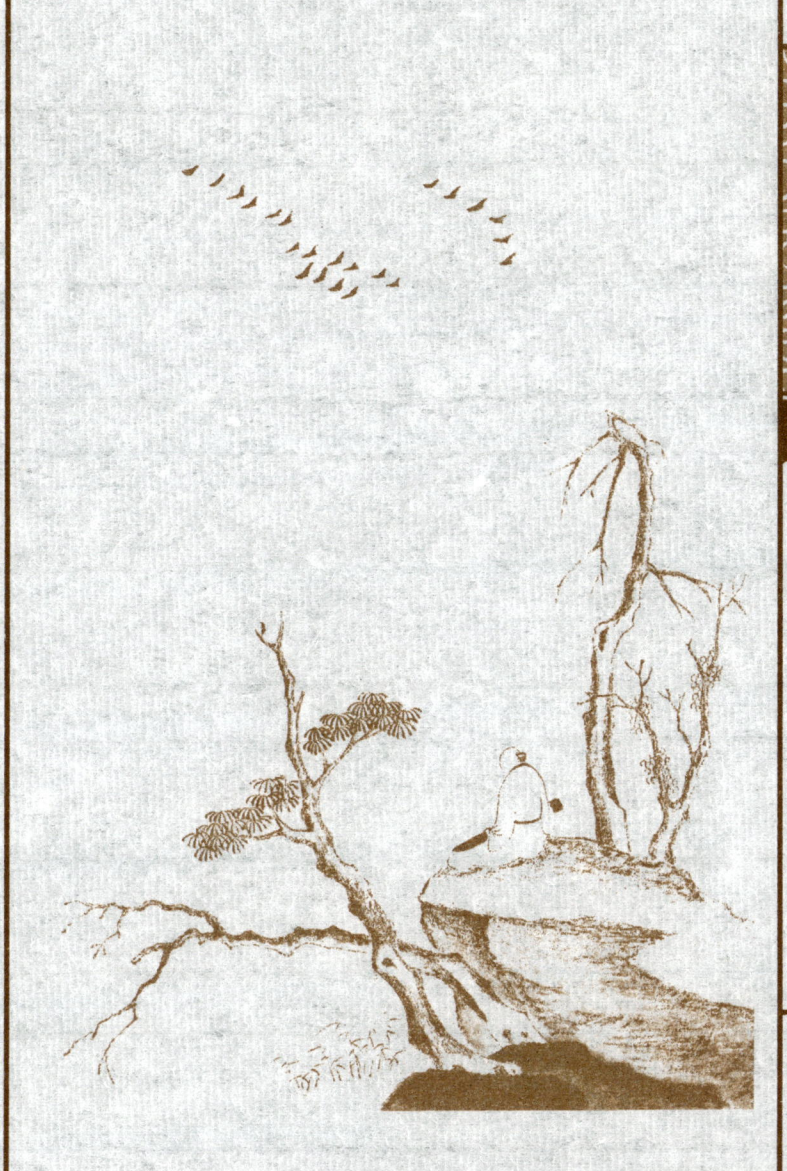

薦紳士夫不以樂爲事，間有賢智異能之士，超然遠覽，得意於徽弦之間，載在前史，班班可述。後之君子，宜爲之哀次而褒顯也。余經述之暇，每願學焉。而病故相仍，是以未就。嘗謂書畫之事，古人猶多編述，而琴獨未備，竊用慨然。因疏其所記，作《琴史》。方當朝廷成太平之功，謂宜製禮作樂，比隆商周，則是書也，豈爲虚文而已。

元豐七年正月，吴郡朱長文伯原序。

琴史序

曾伯祖樂圃先生，早年登乙科，絶意仕進，篤志於學，博極群書，深造於道。故立言足以垂世，《五經辯説》《春秋通志》，學者賴焉。《琴臺》《吴郡》之志，俯察尤詳。《文集》且成百卷，中罹兵火，遺失過半。所幸《通》《吴》二志猶完。《文集》收拾散亡，僅存什一，俱已鋟版。

又有所著《琴史》六卷，經史百家、稗官小説，莫不旁搜博取，上自唐虞，下迄皇宋，凡聖賢之崇尚，操弄之沿起，制度之損益，無不備載。使隆古正始之音，味平人心，陶成善化，人知崇雅黜鄭，樂正得所，復見於今者，是書深有功焉。藏之既久，恐遂湮没，敬刻於梓，以永其傳，亦欲俾後學知我伯祖讀書之不苟也。

紹定癸巳立秋日，侄孫正大謹書。

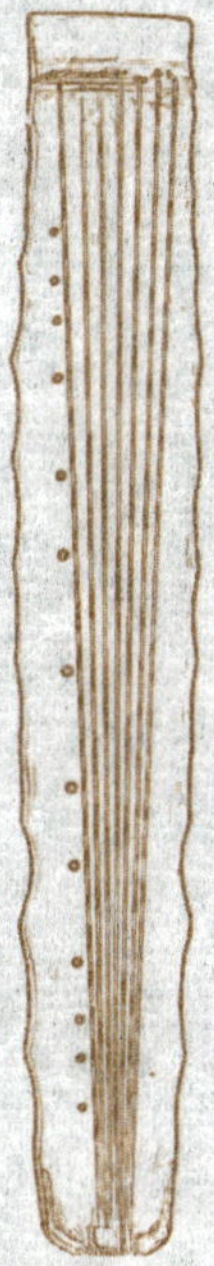

琴史誌

長文字伯原，其先越州剡人，世仕吳越。祖憶，宋太宗朝內殿崇班、閤門祗候、知邕州，累贈刑部尚書。由開封来蘇州，又爲蘇州人。父公綽，光禄卿，知舒州。長文方在娠，所生周夫人夢覆錦衾，或曰是生子能文矣。長文十歲能屬辭，讀書輒竟夕。從泰山孫明復授經於太學，書無所不知，尤邃於《春秋》。博文强識，篤學力行。年十九，擢嘉祐四年乙科進士第，吏部限年，未即用。時公綽守彭，長文不俟燕歸，州人榮之。既冠，授祕書省校書郎，守許州司户參軍。以墜馬傷足，不肯從吏趨郊祀。公綽欲以任子恩，匄長文幕官，長文推與其季從弟。丁父憂，家居凡二十年。築室郡治西偏故吳越錢氏金谷園，知州章岵表曰『樂圃』，鄉人遂稱爲『樂圃先生』。郡將監司莫不造請，謀政所急，士大夫過者必往見之，以後爲耻，名動京師。

元祐中，起爲本州教授。州有兩教授，以長文故也。同舉者楚州徐積、福州陳烈，時號三先生。長文早歲作《東都賦》，論者謂不減班、張、太冲。其教人先經術而後詞章，授學者《春秋》《洪範》《中庸》，無慮數百。先是，范仲淹始建州學，歲久隳廢。其子純仁以侍郎制置江淮漕事，復請修構，長文有力焉。吳中水災，長文陳五浦之利，不果行。又作《救荒議》四篇，上知州黃

履，行之，民賴以安。歷五考，召爲太學博士。著《釋問》以見意。紹聖間，改宣教郎，除祕書省正字，兼樞密院編修文字。元符初，卒，年六十。哲宗嘉其清，賻絹百匹。喪歸，州人迎於境上。博士米芾爲表其墓。

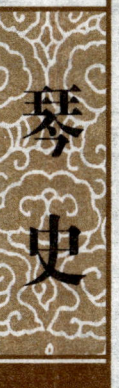

長文資稟忠樸，雖在布衣，慨然有用世之志。暨出仕，以田疇委諸弟，惟藏書二萬卷於樂圃，且曰：『以此遺子孫，不賢於多財邪？』撰《春秋通志》二十卷，遠稽董生、劉歆所論之偏，而本之於孔氏，旁採程門兄弟立言之要，而充之以自得。又有《書贊》《詩説》《易辨》《禮記中庸解》《琴臺志》，《琴史》六卷、《蘇州續圖經》五卷，又撰次古今文詞爲《吳門總集》二十卷，《樂圃文集》一百卷。書仿顏魯公法，所集周穆王以來金石遺文、名人筆迹，作《墨池》《閱古》二篇，藏於家。

其叙《琴史》有曰：『方朝廷成太平之功，制禮作樂，比隆商周，則是書也，豈虛文哉？』其志槩可見矣。從子良在《忠義傳》。五世孫寥炎誌。

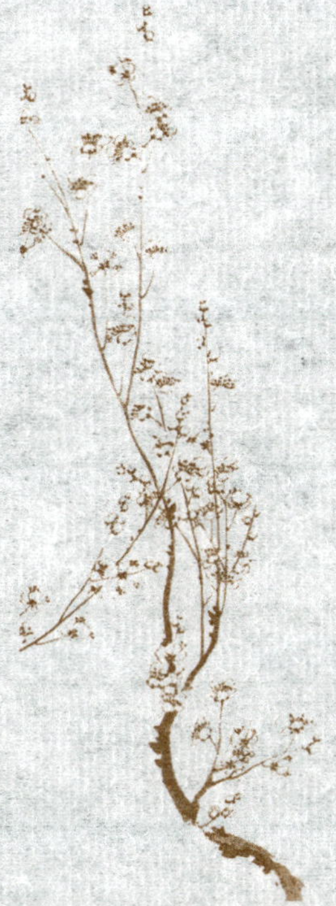

卷一

帝堯

帝堯宅天下，其聖神之妙用，則蕩蕩乎民無能名者也。其事業之餘迹，則巍巍乎其有成功者也。《揚子》嘗云：『法始乎伏，成乎堯，匪伏匪堯，禮義哨哨。』夫琴者，法之一也。當《大章》之作也，琴聲固已和矣。舊傳堯有《神人暢》，古之琴曲，和樂而作者，命之曰『暢』，達則兼濟天下之謂也。憂愁而作者，命之曰『操』，窮則獨善其身之謂也。夫聖而不可知之謂神，非堯孰能當之？

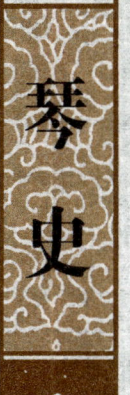

帝舜

舜繼堯位，刑政日以明，禮樂日以備。孔子叙《書》，斷自唐、虞，言天下之治，前此則未備，後此則無以加也。帝之在側微也，以琴自樂。《孟子》曰『舜在牀琴』，蓋雖更瞍、象之難，而弦歌不絕，所以能不動其心，孝益烝也。舊傳有《思親操》，此之謂乎？及有天下，彈五弦之琴以歌《南風》，而天下治，其辭曰：『南風之熏兮，可以解吾民之愠兮。南風之時兮，可以阜吾民之財兮。』當是時，至和之氣充塞上下，覆被動植。《書》曰：『蕭《韶》九成，鳳凰來儀。』和之極也。

大禹

大禹悼鯀績之不成，而哀堯民之墊危，於是乘四載，歷九州，過家不入，以平水土。觀洪水襄陵泛丘，乃援琴作操，其聲清，以溢潺潺，志在深河也。名曰《禹操》，或曰《襄陵操》。及嗣舜之業，嘗作《大夏》。夏，大也，言治水之功爲大也。

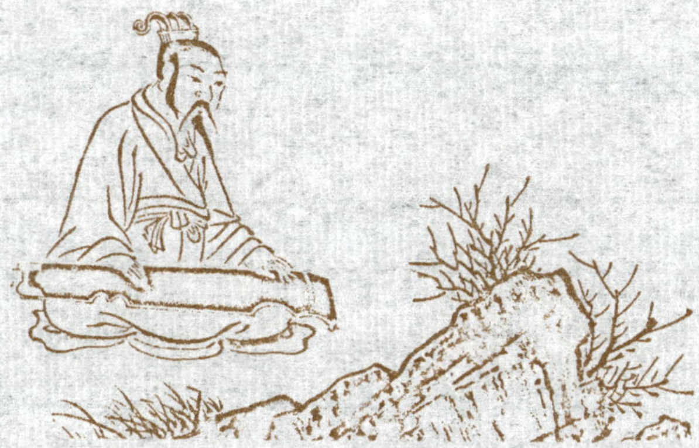

太王

太王嗣后稷、公劉之烈，居於邠。狄人侵之，事之以皮幣，不得免焉；事之以犬馬，不得免焉；事之以珠玉，不得免焉。乃屬其耆老而告之曰：『狄之所欲者，吾土地也。我聞之也，君子不以其所養人者害人，二三子何患乎無君？我將去邠。』逾梁山，邑於岐山之下居焉。邠人曰：『仁人也，不可失也。』從之者如歸市。……太王於是作《岐山》之操，蓋以思積累之艱難而悼戒狄之猾也。韓退之謂《岐山操》爲周公之作，然據《琴操》云：『太王自傷德劣不能化，爲夷狄之所侵，喟然嘆息，援琴而鼓之。』則宜爲太王自作也。其辭曰：『戎狄侵兮地土移，遷邦邑兮適於岐，烝民可憂兮誰者知。嗟嗟！奈何余命遭斯。』太王能責己而拊其民，是以肇基王迹，不亦美哉！

王季

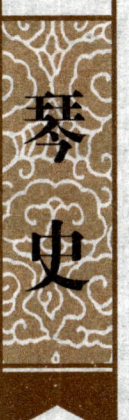

王季，太王之子。太王有長子曰太伯，次曰虞仲。太姜生少子季歷，季歷娶太任，祗迪厥德，生昌，有聖瑞。古公曰：『我世當有興者，其在昌乎？』太伯、虞仲知古公欲立季歷以傳昌，二人乃亡，如荆蠻，文身斷髮，以讓季歷。古公卒，王季既立，思太伯不得見，於是作《哀慕》之歌，見於《琴操》。其首云：『先王既徂，長賈異都，哀喪傷心，未寫中懷。』又曰：『瞻望荆越，涕淚雙流。伯兮仲兮，逝肯來遊。自非二人，誰寫我憂。』嗚呼！太伯、王季孝友純至，周室席是以王，其積德可謂深厚矣。《詩》云：『帝作邦作對，自太伯、王季。』其此之謂乎？

文王

文王當紂之時，獨行仁政，養老慈少，禮下賢者，日中不暇食以侍士。伯夷、叔齊、太顛、閎夭、散宜生之徒，皆往歸之。崇侯虎譖於紂曰：『西伯積善累德，諸侯皆嚮之，將不利於帝。』紂乃囚西伯於羑里。閎夭之徒患之，乃求莘氏之美女、驪戎之文馬、有熊之九駟，他奇怪物，因嬖臣費仲而獻之紂。紂大悦，乃赦西伯。西伯之在羑里也，演益《易》之八卦爲六十四卦。及其出也，作《拘幽操》，或曰《離憂操》，所以傷己之不幸而不敢怨也，《琴操》載其辭。

惡紂而欲誅之，後人之所述也，豈文王之心哉？三分天下以服事商，文王之心也。韓愈作《羑里》之操，卒句云：『臣罪

當誅兮，天王聖明。』此知之矣，然則紂不赦，則文王如之何？曰：揚子云『龍以不制爲龍，聖人以不手爲聖人』。聖人既受天命，雖紂如文王何？昔孔子嘗學《文王操》於師襄，蓋文王所製操非一，後人不能盡得其傳也。《琴操》有云：『文王既得太公，作《思士曲》。』此殆是歟。

武王

武王既承文考之緒，終其伐功，一戎衣而天下定。還至於周，中夜不寐。周公即王所，曰：『曷爲不寐？』王曰：『我未足天保，何暇寐？』舊傳有《克商操》，蓋雖集大統，而未忘天下之憂也。非幸紂之亡，而矜其武功也。

周公

周公以聖人之才，佐文、武，定王業，相成王，致太平。於是四海和會，越裳氏重九譯而來貢。周公曰：『此非旦之力也，文王之德也。』乃援琴而鼓之，故曰《越裳操》，喜遠人之服而歸美於先王也。或云又有《臨深操》，蓋言當天下之任而益加恭慎也。當周公之製禮也，《詩》之二南、雅、頌，皆奏之於歌咏，播之於管弦，然則二南、雅、頌者，亦爲琴之曲也。是故作之朝廷，則君臣和而治本成；作之鄉黨，則仁義脩而人倫厚；作之閨門，則父子親而家道正；作之庠序，則師友惇而學藝成。琴之所補，豈小哉？是以君子重之。

孔子

孔子生周之季，逢魯之亂，轍環天下而不遇於世。當定公十四年，孔子年五十六，由大司寇攝相事。齊人聞而懼，謀間魯以疏孔子。於是盛飾女樂，以遺魯君。時季桓子專政，亦不悦孔子之用也，乃受女樂，君臣遊觀，三日不朝。孔子以謂魯君臣之志荒，不在於治，不足與有爲，遂去之他邦。歌曰：『彼婦之口，可以出走。彼婦之謁，可以死敗。』蓋優哉游哉，聊以卒歲。然猶裴回不忍去，復迴望魯國，而龜山蔽之，乃嘆曰：『季氏之蔽吾君，猶龜山之蔽魯也。』故作《龜山操》。其辭有云：『無斧無柯，奈龜山何！』斧以喻斷，柯以喻柄，無斷割之柄，則不能去季氏也。

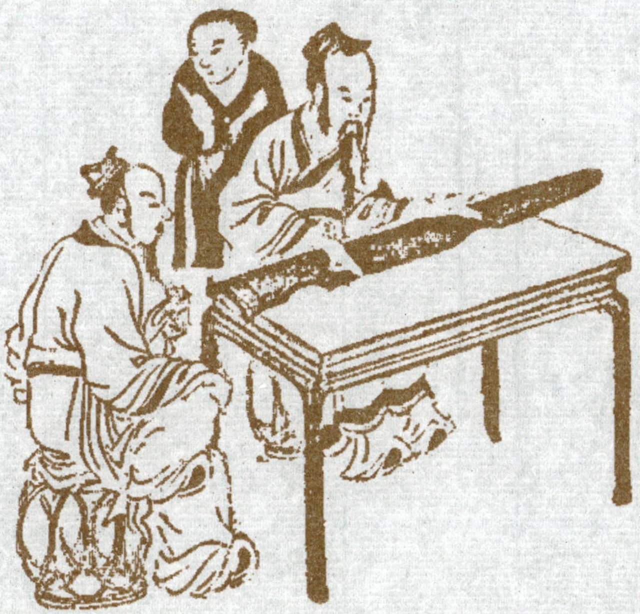

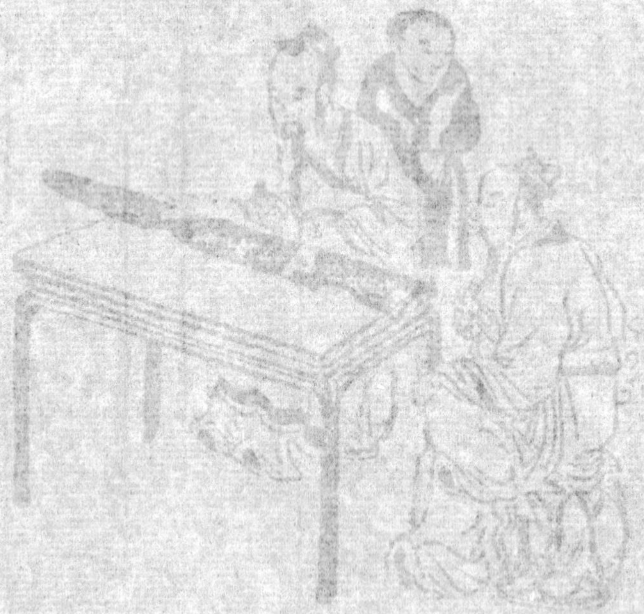

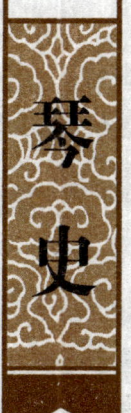

自魯適衛，過曹、鄭，遂至陳。久之，復適衛。既不得用，將西見趙簡子，而聞竇鳴犢、舜華之死也。臨河而嘆曰：『美哉水，洋洋乎！丘之不濟此，命矣！夫竇鳴犢、舜華，晉國之賢大夫也。刳胎殺夭，則麒麟不至；竭澤涸漁，則蛟龍不游；覆巢毀卵，則鳳凰不翔。何則？君子諱傷其類也。』乃還，息乎陬鄉，作《陬操》以哀之。《陬操》者，蓋《琴操》所謂《將歸》也。其辭曰：『秋水深兮風揚波，船楫顛倒更相和，歸來歸來歸爲期。』秋水深者，險難也；風揚波者，威暴也；船楫顛倒者，行不以道也。遭時如此，不歸何以哉？又曰：『周道衰微，禮樂陵遲。文武既墜，吾將焉師。周遊天下，靡邦可依。鳳鳥不識，珍寶梟鴟。眷然顧之，慘焉心悲。巾車命駕，將適唐都。黃河洋洋，攸攸之魚。臨津不濟，還轅息鄹。傷予道窮，哀彼無辜。翱翔於衛，復我舊廬。從吾所好，其樂只且。』

及孔子厄於陳、蔡之間，講誦弦歌不輟。後自衛反魯，遇隱谷，有幽蘭獨茂，子喟然曰：『蘭，香草也，而與衆卉爲伍。如聖賢倫於鄙夫也。』乃作《猗蘭操》。其辭有云：『如何蒼天，不得其所。逍遥九州，無所之處。』感憤之深切也。又作《丘陵》之歌曰：『登彼丘陵，峛崺其阪。仁道則邇，求之若遠。遂迷下復，自嬰屯蹇。喟然迴慮，題彼泰山。鬱確其高，梁甫迴連。枳棘充路，陟之無緣。將伐無柯，患茲蔓延。惟以永嘆，涕霣潺湲。』

孔子去魯凡十四歲，而後歸魯，魯終不能用孔子，孔子亦不復求仕。於是刪《詩》定《書》，論《禮》正《樂》，作《春秋》，贊

《易》道，而《六經》之道燦然大備矣。其删《詩》三百也，孔子皆弦歌之，合於雅而後取也。莊子云：『孔子遊乎緇帷之林，休坐乎杏壇之上，弟子讀書，孔子弦歌，鼓琴奏曲，未半，有漁父者下船而來。』此因夫子之好琴而寓言也。孔子以魯哀公六年四月己丑卒，年七十三。

余嘗讀《龜山》之辭而哀至聖之不得位，聽《將歸》之歌而傷濁世之多險難，聞《猗蘭》之名而嘆盛德之不遇時也。然則使孔子見用，則魯將復興乎？曰：夫子之爲司寇也，外沮齊侯以壯邦君之威，内墮三都以削大夫之勢，可謂勇於有爲矣。使其得志之久，則將興魯尊周，以復文武之治。故曰：『如有用我者，三年有成。』豈過論哉？

許由

許由，堯時隱人也。舊説云，堯嘗遜天下於許由，許由不受，且耻之。逃去，隱於箕山。故傳有《箕山操》。今山上有冢存焉。太史公嘗疑之，謂其不概見於六藝也。雖然，説者傳之尚矣，庸得略耶？古聖人之清者，固有不以天下易其樂。揚子謂『由無求於世』，信矣。凡琴操之名於後者，或其自作之，或後人述而歌之耳。

夷齊

夷、齊者，孤竹君之二子也。伯夷以國讓其弟，聞文王作興，曰：『盍歸乎來，吾聞西伯善養老者。』於是與叔齊偕歸之。及武王伐紂，獨二人者以爲不可。武王不聽，遂不食周粟，隱於首陽山，采薇而食之。作歌曰：『登彼西山兮，采其薇矣；以暴易暴兮，不知其非矣。神農、虞、夏忽焉没兮，我安適歸矣；于嗟徂兮，命之衰矣。』此所謂《采薇操》也。遂餓死於首陽山。蓋耻商、周干戈之事，而思堯、舜揖讓之節。萬世之下，聞其風者，亂臣爲之悚懼。孔子以謂『求仁得仁』，孟子以爲『聖之清者』。

箕子

箕子者，紂之族也。太史公云：『紂爲淫佚，箕子諫，不聽。人或曰：「可以去矣。」箕子曰：「爲人臣，諫不聽，是彰君之惡而自説於民，吾不忍爲也。」乃被髮佯狂而爲奴，遂隱而鼓琴以自悲，故傳之曰《箕子操》也。』

予嘗考之，箕子事紂爲太師，王子比干爲少師。箕子先諫，紂怒而囚奴之。比干又諫，紂怒而殺之。微子知其必亡，遂去。孔子曰：『微子去之，箕子爲之奴，比干諫而死。商有三仁焉。』所謂爲之奴者，紂使爲之耳。武王數紂之罪，曰囚奴正士。及其克商也，釋箕子之囚，非佯狂也。《離拘》之作，蓋自痛悼罹於拘囚也。《易》曰：『内難而能正其志。』此之謂也。

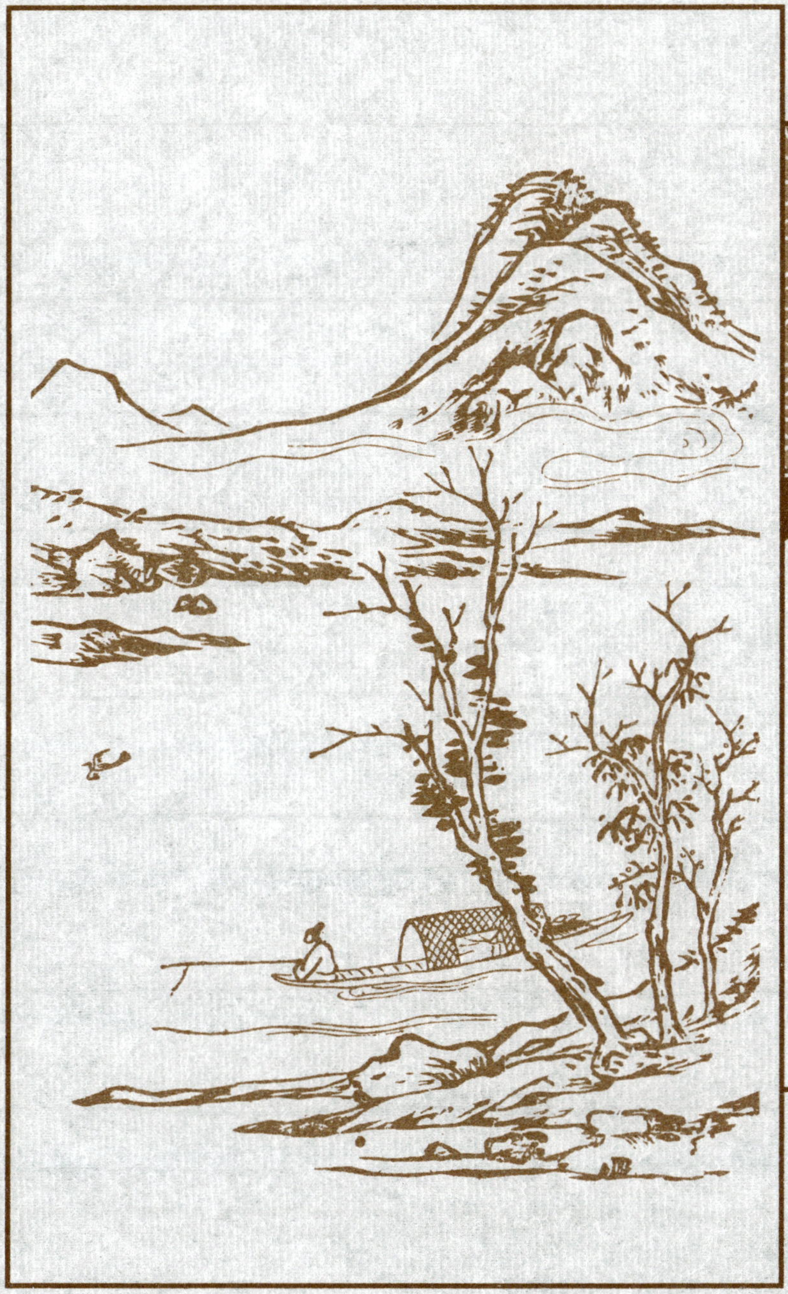

伯奇

伯奇者，尹吉甫之子也。吉甫以詩顯於周宣王之時。吉甫長子曰伯奇，次曰伯封。伯封，繼室之子也，故欲立之，給吉甫曰：『伯奇好妾，若不信，君登臺觀之。』乃置蜂領中，顧伯奇曰：『蜂螫我，趣爲我掇之。』吉甫望見，以其妻之言爲信，於是放伯奇。伯奇自傷無辜見疑，作《履霜操》以寓其哀。其辭有云：『孤息離別兮摧肺肝，何辜皇天兮遭斯愆。』余每聞其音，未始不爲之嗟惻也。其父始非不賢，而卒蔽於讒，以滅天性命也。夫莊子所謂『人莫不欲其子之孝，而孝未必愛，故孝己憂而曾參悲』，信夫！

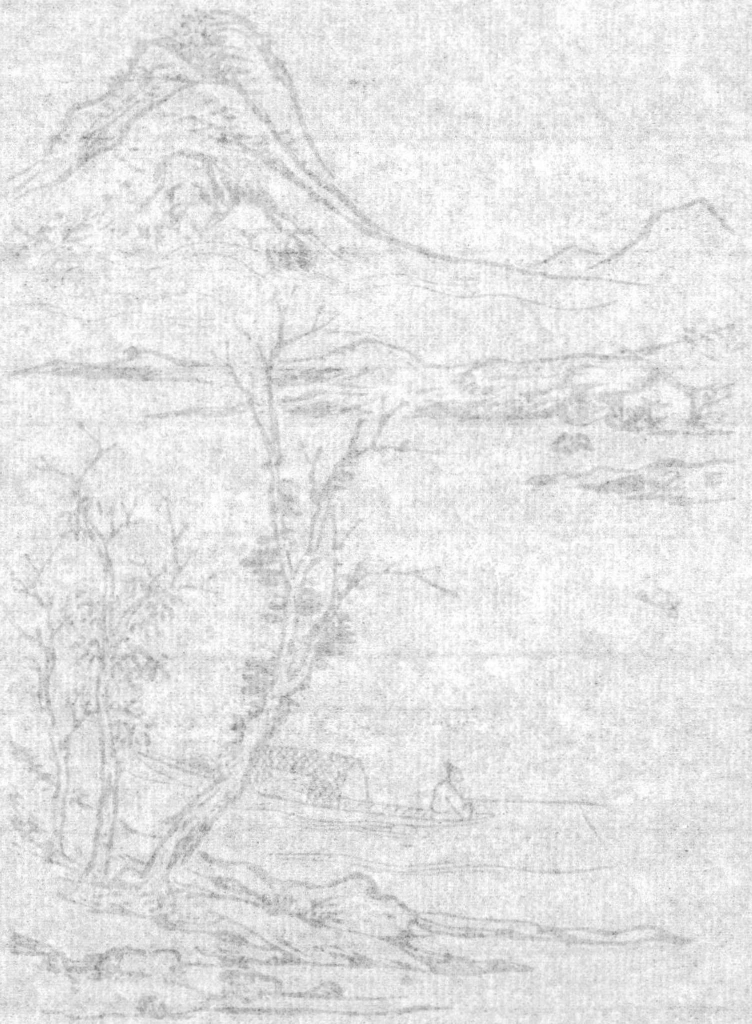

子路

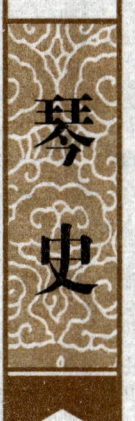

仲由，字子路，以政事才勇著名。嘗鼓琴，孔子聞之，謂冉有曰：『甚矣，由之不才也！夫先王之制音也，奏中聲以爲節，流入於南，不歸於北。夫南者，生育之鄉；北者，殺伐之域。故君子之音，温柔居中，以養生育之氣。憂愁之感不加於心，暴厲之動不在於體。夫然者，乃所謂治安之風也。小人之音則不然，亢厲微末，以象殺伐之氣，中和之感不載於心，温和之動不存於體。夫然者，乃所以爲危亂之風也。昔者，舜彈五弦之琴，造《南風》之詩，故其興也勃焉，德如泉流，至於今王公大人述而不忘。商紂好爲北鄙之聲，其亡也忽焉，至於今王公大人舉以爲誡。夫舜起布衣，種德含和而終昌；帝紂爲天子，荒淫暴亂而終以亡，非各所修之致乎？今由也匹夫，曾無意於先王之制，而習亡國之聲，豈能保其六七尺之軀哉？』冉有以告子路，子路懼而自悔，靜思不食，以至骨立。夫子曰：『過而能改，其進矣乎！』

夫子雖稱其改，而子路卒不得其死，豈其禍難之萌，先見於音聲，夫子知而戒之乎？夫子遭厄陳、蔡之間，絕糧七日，弟子病，莫能興。孔子弦歌，子路入見，曰：『夫子之歌，禮乎？』孔子不應，曲終而曰：『由來，我語汝。君子好樂，爲無驕也。小人好樂，爲無懾也。其誰之子，不我知而從我者乎？』子路悦，援戚而舞，三終而出。明日免於厄。及孔子之於宋，宋人圍

之。子路怒，奮戟將與戰。孔子止之，曰：『惡有修仁義而不免俗乎？夫詩書之不講，禮樂之不習，是丘之過也。若以述先王、好古法而爲咎者，是非丘之罪也，命矣。夫歌，予和汝。』子路彈琴而歌，孔子和之。曲三終，圍者解甲而罷。蓋孔子之門，雖造次顛沛，不舍弦歌，是以處窮而彌泰，獨立而不懼，終致於無事也。

曾子

曾參，字子輿，少孔子四十六歲，晚事孔子。當孔子之在陳、蔡也，曾子少，未及從行。故孔子論德行，不及曾子。孔子還魯，而曾子行益高，故爲之作《孝經》。曾子嘗耘瓜，誤斷其根。曾晳怒，擊之，幾死，有頃乃蘇。欣然而起，進於曾晳曰：『向也，參得罪於大人，大人用力教參，得無疾乎？』退而就房，援琴而歌，欲令曾晳聞之，知其體康也。然孔子聞之而怒曰：『舜之事瞽瞍，小捶則待，大杖則走，故瞽瞍不犯不父之罪。今參委身以待暴怒，殪而不避。既死，則陷父於不義矣。』曾子造孔子而謝過。

曾子嘗夢貍，不見其首，以爲不祥。援琴而鼓之，作《殘形

操》。有立於户外而聽之者，曲終，入曰：『善哉，鼓琴乎！身已成矣，而惜未見其首也。』蓋夢貍而無首，此爲怪祥。君子居正以俟命，福至不喜，禍生不慄，故鼓琴以寫其

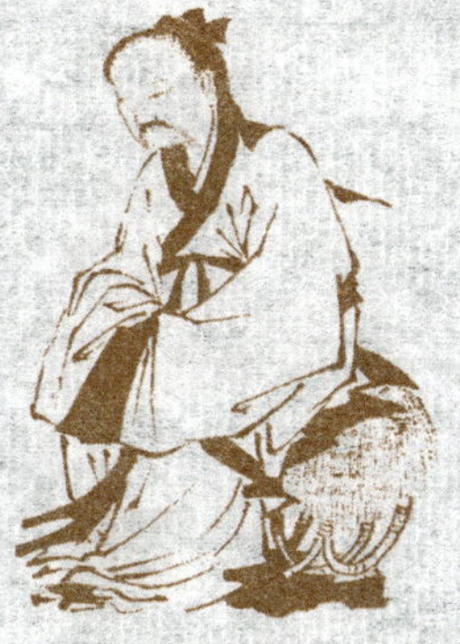

意。而曾子卒無禍，後之君子可以監矣。又有《歸耕》之曲，曰：『往而不返者，年也。不可得而再事者，親也。』見於《琴操》。萬世之下，言孝者必稱子輿，美夫！

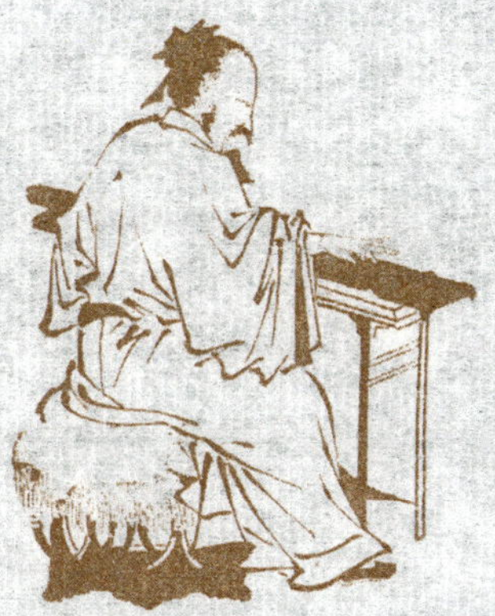

子賤

宓子賤，名不齊。爲單父宰，彈鳴琴，聲不下堂，而單父治。巫馬期以星出，以星入，日夜不處，而單父亦治。子賤任人，子期任力，任力者勞，任人者逸，故異也。然子賤豈徒鼓琴而已哉？固能作樂以平心氣，審音以知政教。心氣既平，政教既得，有不治哉？孔子稱之曰：『君子哉若人，賢之深也！』單父至今有子賤祠及琴臺存焉。

卷二

楚商梁

楚商梁者，或曰莊王也，聲之誤，以爲商梁耳。《琴操》云：『商梁出遊九皋之澤，覽漸水之臺，張罝罘，周於荆山，臨曲池而漁。疾風霣雹電，冥大水四起，霹靂下臻，玄鶴翔其後，白虎吟其前。矍然而驚，顧謂其僕曰：「今日出遊，豈非常之行耶？何其災變之甚也。」』於是商梁歸其室，琴而歌，作《霹靂引》。余以謂苟非人君，則何以出畋獵如此之盛，遇風雹如此之懼耶？其云莊王者殆是歟！昔人有云，楚莊王無災而懼，此亦近之。其卒句云：『國將亡兮喪厥年。』夫畏天之威，而惟危亡之憂者，所以不亡也。舊傳莊王有琴名『繞梁』，然則莊王固能琴耶。

師曠

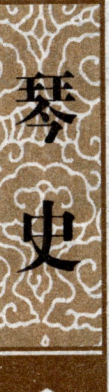

師曠，字子野，晋人也。生而失明，然博通前古，以道自將，諫諍無隱。或云嘗爲晋太宰，晋國以治，蓋非止工師之流也。其於樂無所不通，休咎勝敗，可以逆知。晋人聞有楚師，師曠曰：『不害，吾驟歌北風，又歌南風。南風不競，多死聲，楚必無功。』已而果然。

至於鼓琴感通神明，萬世之下言樂者，必稱師曠。始，衛靈公將之晋，舍於濮水之上。夜半，聞鼓琴聲，問左右，皆不聞。乃召師涓，問其故，且曰：『其狀似鬼神，爲我聽而寫之。』師涓曰：『諾！』明日，曰：『臣得之矣。然未習也，請宿習之。』因復宿。明日，報曰：『習矣。』即去之晋，見平公。平公置酒於

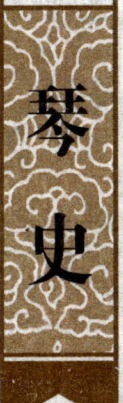

施惠之臺。酒酣，靈公曰：『今者來，聞新聲，請奏之。』即令師涓援琴鼓之。未終，師曠撫而止之，曰：『此亡國之聲，不可聽。』平公曰：『何道云？』師曠曰：『師延所作也。商紂爲靡靡之樂，武王伐紂，師延東走，自投濮水而死。故聞此聲，必於濮水之上。』平公曰：『願遂聞之。』師涓鼓而終之。平公曰：『此何聲也？』師曠曰：『此謂《清商》者，不如《清徵》。』公使爲《清徵》。一奏之，有玄鶴二八集於廊門。再奏之，延頸而鳴，舒翼而舞。平公大喜，問曰：『音無此最悲乎？』師曠曰：『不如《清角》。昔者黃帝以大合鬼神，今君德義薄，不足以聽。聽之將敗。』平公曰：『願遂聞之。』師曠不得已，援琴而鼓之。一奏之，有白雲從西北起。再奏之，風至而雨隨之，飛廊瓦，左右皆奔走，平公恐懼。晉國大旱，赤地三年。

然則琴者，樂之一器耳，夫何致物而感祥也？曰：『治平之世，民心熙悦，作樂足以格和氣。暴亂之世，民心愁蹙，作樂可以速禍災。可不誡哉！』世衰樂廢，在位者舉不知樂。然去三代未遠，工師之間，時有其人。若師曠者，可不謂賢哉？及夫亂久而極，雖工師亦稍奔竄，是以摯、干、繚、缺之儔相繼亡散，而孔子惜之也。

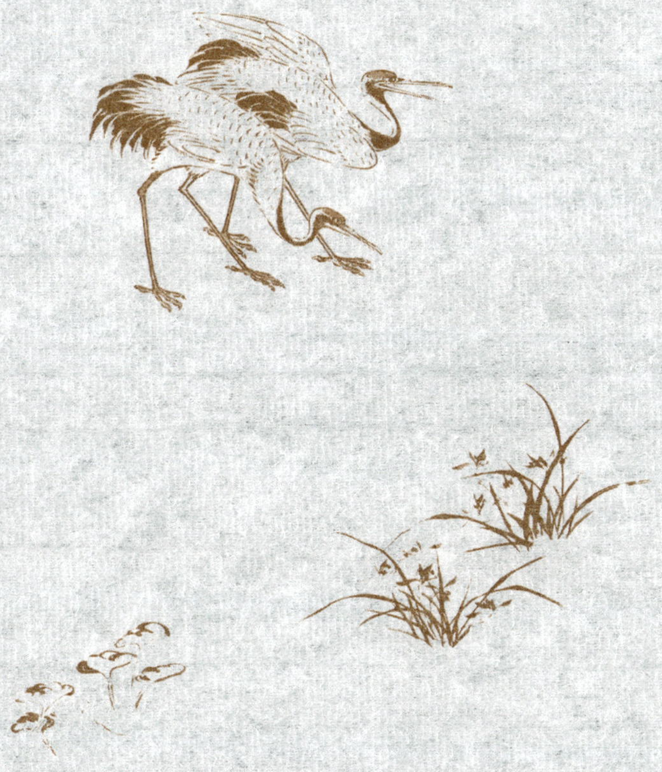

師襄子

師襄子，蓋魯人，《論語》所謂『擊磬襄』者是也。夫子學鼓琴師襄子，十日不進。師襄子曰：『今子於琴已習，可以益矣。』孔子曰：『丘已習其曲矣，未得其數也。』有間，曰：『已習其數，可以益矣。』孔子曰：『未得其志也。』有間，曰：『已習其志，可以益矣。』孔子曰：『未得其爲人也。』有間，曰：『有所穆然深思焉，有所怡然高望而遠志焉。』曰：『丘得其爲人矣。黯然而黑，頎然而長，眼如望洋，如王四國，非文王其誰能爲此也！』師襄子避席再拜，曰：『師蓋云《文王操》也。』

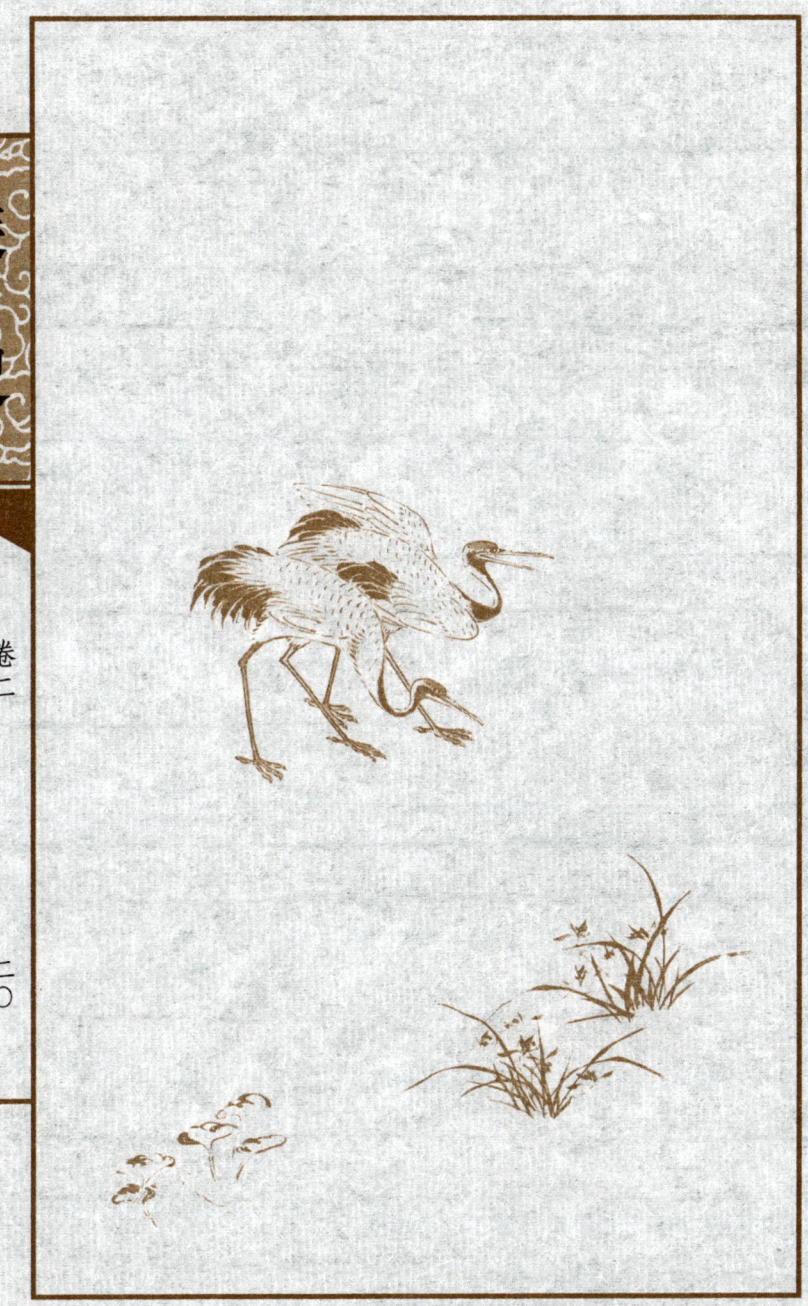

夫以琴爲聖人師，其工妙矣。然師襄之學，徒知其音；聖人之學，必得其意，其過襄遠矣。其先授以聲而未授以名者，蓋古人之教人者，常待學者之自得而未盡告也。自得則悟之深，而左右逢其原矣。

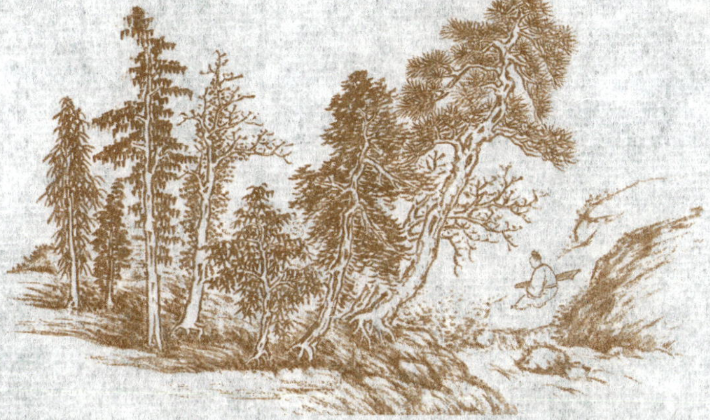

師文

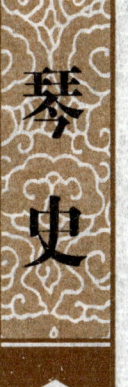

師文，鄭人也，棄家從師襄游，拄指鈎弦，三年不成章。師襄曰：『子可歸矣。』師文舍其琴，嘆曰：『文非弦之不能鈎，非章之不能成，文所存者不在弦，所志者不在聲。內不得於心，外不應於器，故不敢發手而動弦，且假之以觀其後。』無幾何，復見師襄。師襄曰：『子之琴何如？』師文曰：『得之矣，請嘗試之。』於是當春而叩商弦，以召南呂，涼風忽至，草木成實。及秋而叩角弦，以激夾鍾，溫風徐迴，草木發榮。當夏而叩羽弦，而召黃鍾，霜雪交下，川池暴沍。及冬而叩徵弦，以激蕤賓，陽光熾烈，冰威立散。將終，命宮而撫四弦，則景風翔，慶雲浮，甘露

降，醴泉涌。師襄乃撫心高蹈，曰：『微矣，子之彈也！雖師曠之《清角》，鄒衍之吹律，亡以加之。彼將挾琴執管而從子之後耳。』夫心者，道也。琴者，器也。本乎道，則可以周於器；通乎心，故可以應於琴。若師文之技，其天下之至精乎。故君子之學於琴者，宜正心以審法，審法以察音。及其妙也，則音、法可忘，而道、器冥感，其殆庶幾矣。

師經

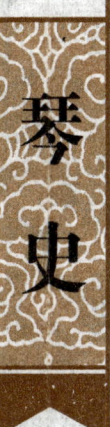

師經者，事魏文侯，使經鼓琴，問曰：『使我言而無見違，不亦樂哉？』師經以琴撞文侯，不中，左右請誅之。師經曰：『臣聞堯舜爲君，惟恐言而人不違；桀紂爲君，惟恐言而人違之。臣撞桀紂，非吾君也。』文侯釋之，不加罪。古者工執藝事以諫，雖在戰國，猶或餘風尚存。文侯能容之，賢哉！

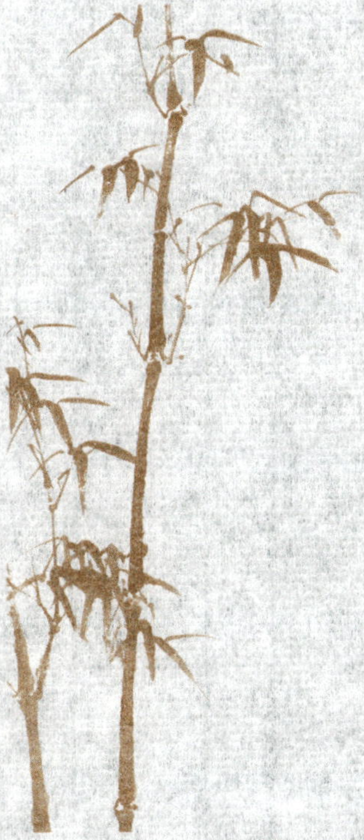

榮啓期

榮啓期，魯之隱者也。孔子遊於泰山，見啓期鹿裘帶索，鼓琴而歌。孔子坐，問曰：『先生所以樂，何也？』對曰：『吾之樂多矣。天生萬物，唯人爲貴，吾得爲人，是一樂也。男女之別，男尊女卑，故以男爲貴，吾既得爲男矣，是二樂也。人生有不見日月，不免襁褓而死者，吾今行年九十矣，是三樂也。貧者，士之常也。死者，人之終也。處常得終，尚何憂哉？』孔子曰：『善乎，能自寬者也。』孔子既聞琴，爲之説樂三日，其和聲所感如此。夫人之常情，不樂乎内而樂乎外，是以貧則思富，賤則慕貴，生則懼死，乃僥覬於性分之表，沈酣於聲利之域，而不能自復者，皆是也。如啓期之樂，人孰無之？奈何不樂哉？故道家者流，喜稱啓期之爲人，足以警夫貪而不止者也。

伯牙

伯牙，古之善琴者也，見稱於春秋之後，雜見於諸家之書。嘗學鼓琴於成連先生，三年而成，神妙寂寞之情未能得也。成連曰：『吾雖傳曲，未能移人之情。吾師方子春，在東海中，能移人情，與子共事之乎？』乃共至東海，上蓬萊山，留伯牙曰：『子居習之，吾將迎師。』刺船而去，旬日不返。牙心悲，延頸四望，寂寞無人，徒聞海水洶涌，群鳥悲鳴。仰天嘆曰：『先生亦以無師矣，蓋將移我情乎？』乃援琴而作《水仙》之操云。荀卿嘗曰：『伯牙鼓琴，六馬仰秣。』鳥獸猶感之，況於人乎？

鍾子期

鍾子期，楚人鍾儀之族，伯牙之友也。伯牙鼓琴，鍾子期善聽之。伯牙方鼓琴，志在泰山，子期曰：『善哉乎鼓琴！巍巍乎如泰山。』志在流水，子期曰：『洋洋乎若流水。』伯牙所念，子期必得之。伯牙遊於泰山之陰，卒逢暴雨，止於巖下，乃援琴而鼓之。初爲霖雨之操，更造崩山之音。曲每奏，子期輒窮其趣。伯牙乃舍琴而嘆曰：『善哉，子之聽！夫汝志想象，猶吾心也，吾於何逃聲哉？』子期死，伯牙擗琴絕弦，終身不復鼓琴，以爲世無足知音也。

子期夜聞擊磬者，聲甚悲，旦召問之：『何哉，子之擊磬若此之悲也？』對曰：『臣之父殺人而不得死，臣之母得而爲公家隸，臣得而爲公家擊磬。臣不見母，三年於此矣，昨日偶睹之，意欲贖之，無財，又身爲公家之有也。是以悲也。』子期曰：『悲在心，非手也，非木非石也。悲於人而木石應之，以至誠故也。』

蓋子期於音皆然，非獨琴也。夫志有所存則見於音，君子知其音以逆其志則得焉。或識於斯須之間，或知於千載之下，合若符節。周衰樂散，世罕知者，以伯牙之藝，而獨一子期能知其志，子期死，是以發憤而絕弦也。後之人知其曲者鮮矣，又況察其音亦鮮矣，又況探其志者乎？

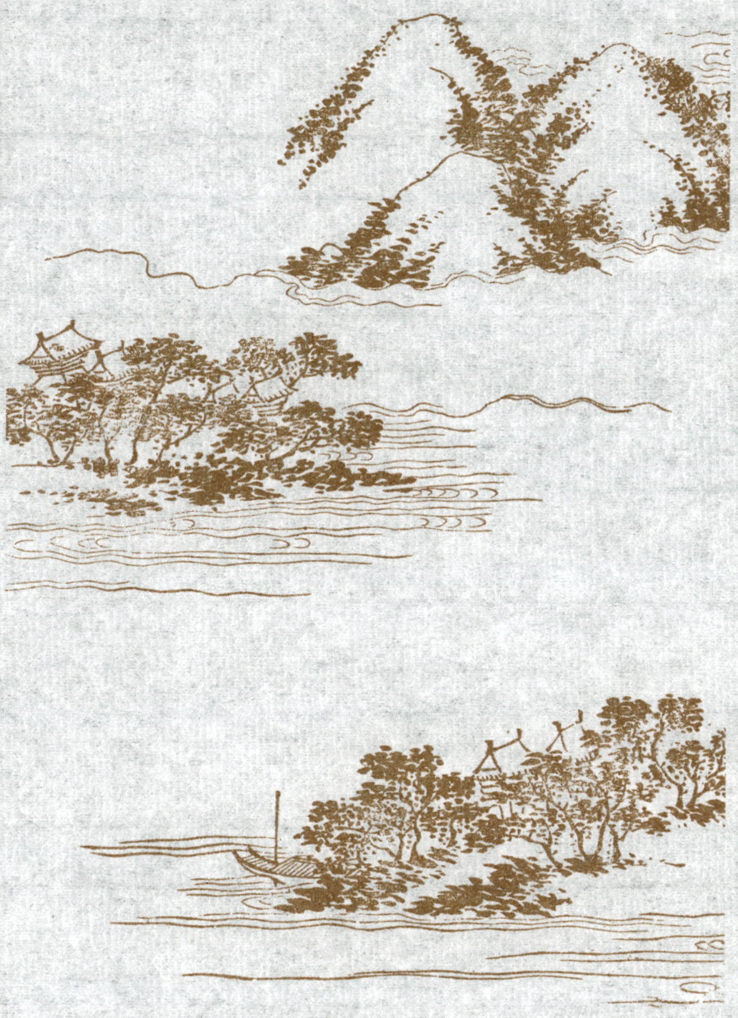

雍門周

雍門周，齊人也。雍門者，齊之東門也。始韓娥東之齊，匱糧，過雍門，鬻歌假食。既去，而餘音繞梁欐，三日不絕，左右以其人不去。過逆旅，人辱之，韓娥因曼聲哀哭，一里長幼悲愁，垂涕相對，三日不食。遽而追之，娥還，復爲曼聲長歌，一里長幼喜躍抃舞，弗能自止，忘向日之悲也。故雍門之人特喜歌哭，效娥之遺聲。

至周，尤稱爲能。始以哭於孟嘗君，又繼之以琴。孟嘗君曰：『先生鼓琴，亦能令文悲乎？』周曰：『臣獨焉能使足下悲乎？所能令悲者，先貴而後賤，先富而後貧；不若身才高妙，適遭暴亂；不若處勢隱絕，不及四鄰，詘折擯厭，無所告愬，臣一爲之援琴，則涕零矣。今若足下千乘之君，廣厦邃房，下羅帷，

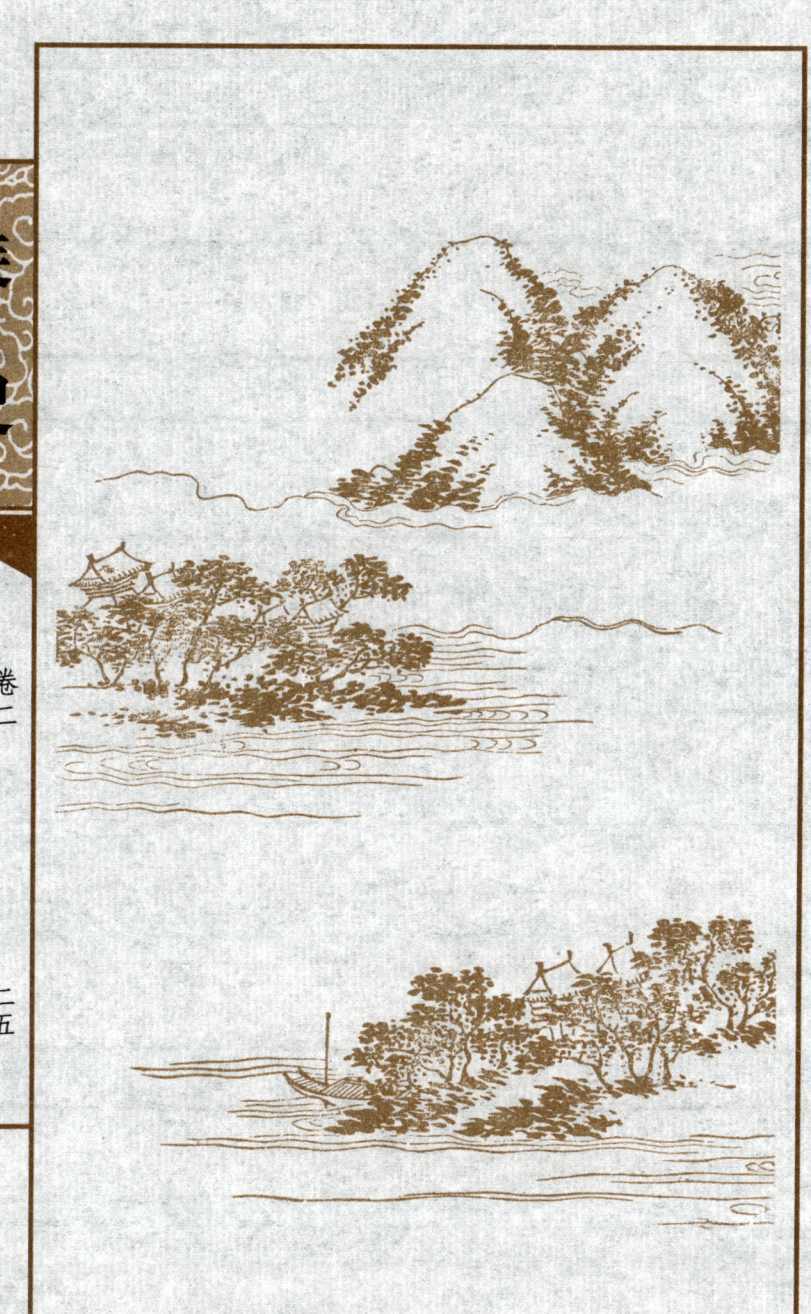

來清風，倡優侏儒處前，迭進而諂諛。燕則鬥象旗，舞鄭妾，麗色淫目，流聲娛耳。水遊則連方舟，戴羽旗，野遊則馳弋獵乎平原廣囿，入則撞鐘擊鼓乎深宮之中。雖有善鼓琴者，固未能使足下悲也。然千秋萬世後，宗廟必不血食，高臺既已壞，曲池既已漸，墳墓既已平，嬰兒豎子樵采者躑躅其足而歌其上，曰：「夫以孟嘗君尊貴，乃若是乎？」』於是孟嘗君爲之悲慘，泫焉承臉。雍門周引琴而鼓之，徐動宮徵，拂羽角。孟嘗君涕泣增哀，下而就之曰：『先生之鼓琴，令文若破國亡邑之人也。』

蓋雍門生者，齊之辯士也。彼見孟嘗擅執國命久矣，又方以薛驕齊，忽於遠謀，上不能尊其君，下不能定其嗣，故以琴諫。其後孟嘗君死，諸子爭立，國遂絕，而齊亦衰矣。

宋玉

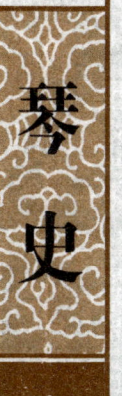

宋玉者，楚人也，爲屈原弟子，善賦，類屈原，而哀傷感憤，曲伸諷諭。楚威王嘗問曰：『先生其有遺行耶？何士民不譽之甚也？』宋玉對曰：『客有歌於郢中者，其始曰《下里》《巴人》，國中屬而和之者數千人。其爲《陽陵》《采薇》，國中屬而和之者數百人。其爲《陽春》《白雪》，國人屬而和之者數十人。其已也，引商刻角，雜以流徵，國中屬而和者不過數人。是以曲彌高者，其和彌寡。』此雖言歌，通於琴也。玉又自云嘗援琴爲《和竹》《積雪》之曲，然則玉固爲琴矣。當戰國時，雖俗聽已喜哇淫，而古曲猶有存者，如《陽春》《白雪》是已。去古浸遠，雅聲益訛，惜哉！

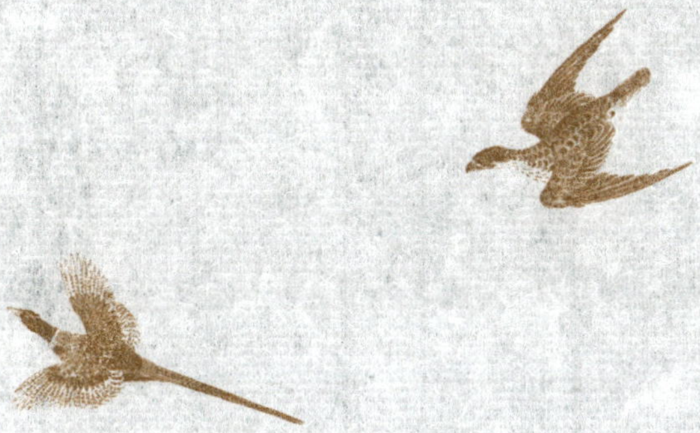

牧犢子

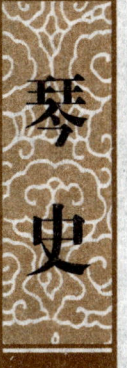

牧犢子者，年七十而鰥居。出薪於野，見雉雌雄並飛，有感而作《朝飛》之曲，事見《琴操》。夫聖人在上，民不罹於兵役，不勤於財用，則婚姻以時，國無鰥民，豈復有牧犢之歌哉？聞其聲足以戒也。嗚呼！匹夫銜冤，則陰陽爲之感動；庶士抱怨，則金絲爲之增哀，爲政可不慎歟！

商陵牧子

商陵牧子者，娶婦無子，舅姑將去之。婦聞，中夜而起，倚户悲嘯。牧子於是援琴鼓之，作《別鶴》之操。爲物介潔而薄於情欲，蓋既以傷離，又自勉以義也。韓愈作操辭云：『江漢水之大，鵠身鳥之微。更無相逢日，安可相隨飛？雖有所不忍，其如義何哉？』

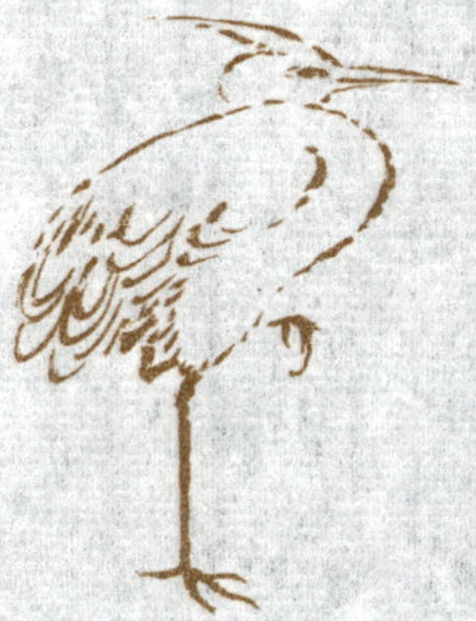

霍里子高

霍里子高者，蓋隱君子也。爲朝鮮津卒，旦方刺船，有狂者被髮提壺，涉河而渡。某妻追止之，不及，遂溺而死。於是撫箜篌而歌曰：『公無渡河，公竟渡河。公墮河死，當奈公何？』曲終，遂投河而死。子高聞而悲之，乃援琴而鼓之，作《箜篌引》，以象其聲，所謂《公無渡河曲》也。然則古人豈無意耶？蓋嗟世之人怵於勢，汩於利，視巇危不少知避，以至罹禍喪軀者多矣。其與狂者之蹈深淵，何以異哉？故作此引，足以戒也。

樗里牧恭 聶政附

樗里牧恭，報父之讎，竄於山澤，夜聞馬鳴，以爲追吏，遽奔而亡。詰朝視之，乃有馬迹，意謂天馬也。曰：『天以此警吾耶？』於是深遁於澤中，援琴鼓之，作《走馬引》，以象天馬之聲、恐懼之狀也。以其發於義烈，故君子有取焉耳。

《琴操》又有《聶政刺韓王曲》，云：『聶政嘗遇仙人，教以鼓琴。琴成，入韓。』其事與《史記·聶政傳》大異。《史記》云『刺韓相俠累』，此云『韓王』，宜從《史》也。此曲雖載之樂家，然刺客之事，非管弦所宜也。

三士 離須、明光附

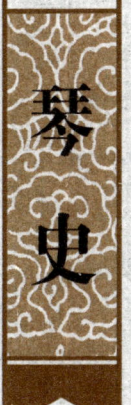

其思革子與石文子、叔愆子三人詣楚，至於險阻，而逢飄風暴雨，絕糧無衣，度不能並生。於是二人者以革子爲賢，共推衣餉，以活革子，而二人者死之。及革子至楚，楚王燕之，革子引琴，爲别散之聲。王聞而問焉，革子道其故。楚王曰：『嗟乎，乃如是邪！』乃賜革子金而命葬二子。故有《三士窮》之曲。

又有其門離須者，其兄從軍久不歸，而離須復當遠行轉餉。離須有季弟，將使寓於他室。弟淚不忍别，欲從其長兄。離須固止之，而弟固欲往。及離須還，訪弟而不得。故有《子安》之曲。

又有楚明光之子組。始明光事楚昭王，銜命使趙。有羊申甫者譖其有他志，昭王怒，將囚明光。明光遁去，其子組作《追怨》之歌。

嗟乎！聞《三士窮》之曲，可以篤朋友之義；聽《子安》之篇，可以敦友悌之情；觀《追怨》之歌，可以進忠孝之誠。雖然，其事不參見於他書，疑其姓名有抵捂，故共爲之傳，以存其概云耳。

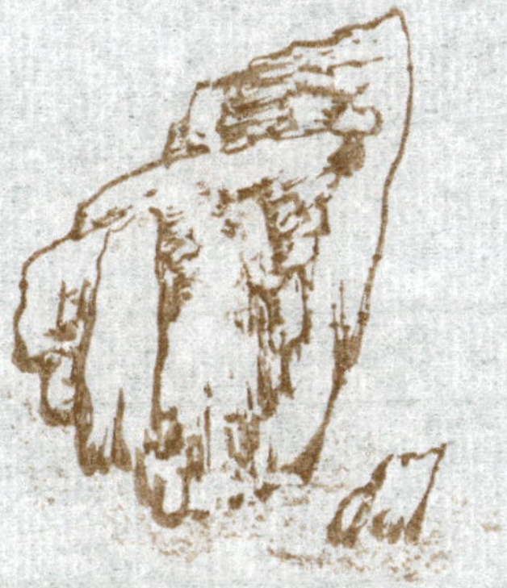

卷三

漢成帝趙皇后

孝成趙皇后，祖大力，父萬金，皆工習音樂。至后，以歌舞召入宮，大幸，立爲皇后。亦善鼓琴，爲《歸風》《送遠》之操。有寶琴曰鳳凰，以金玉隱起爲龍鳳螭鸞、古賢烈女之象。蓋能飾其器，未必能樂其音也，終爲漢之褒、妲云。

司馬相如

司馬相如，字長卿，成都人，以文章名漢世，而少善鼓琴。嘗客游臨邛，臨邛令與之相善。邑富人卓王孫知令有貴客，爲具召之。酒酣，臨邛令前奏琴，曰：『竊聞君善緑綺，願以自娱。』相如辭謝，爲鼓一再行。卓氏女文君竊從户窺，心説而好之，夜亡奔相如，相如納之。故史氏謂：長卿以琴心挑文君。嗚呼！斯言之玷，不可爲也！使其無卓氏之疵，豈不爲完士哉？雖然，其晚節稱疾閑居，不慕榮貴，斯可尚也。

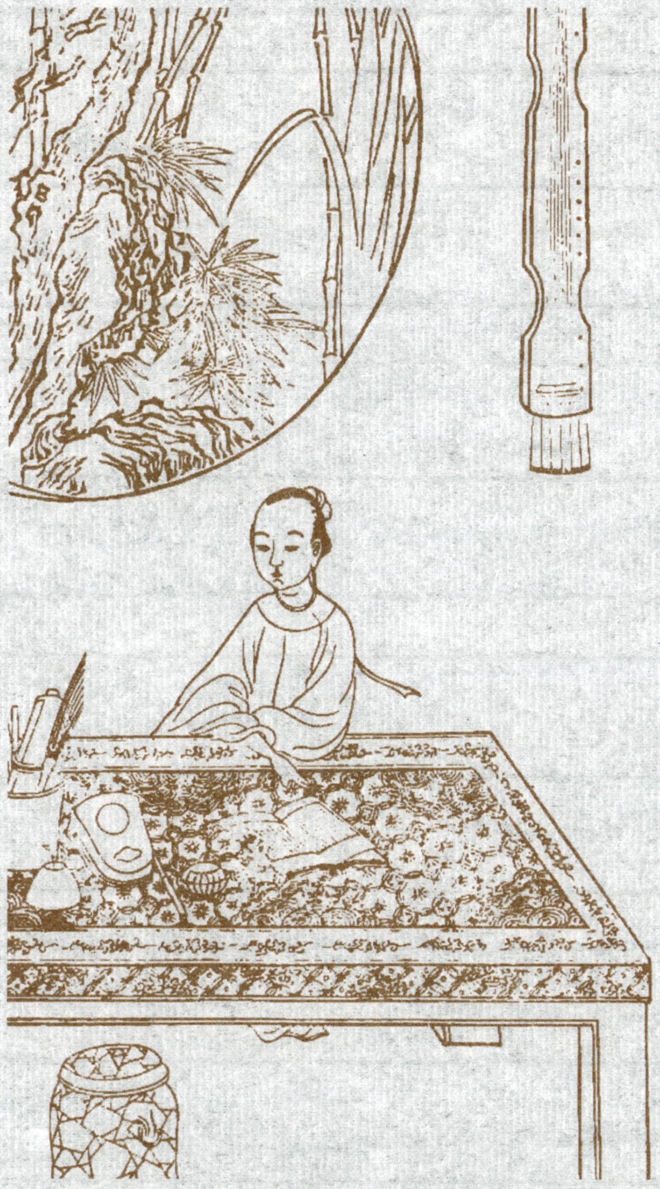

桓譚

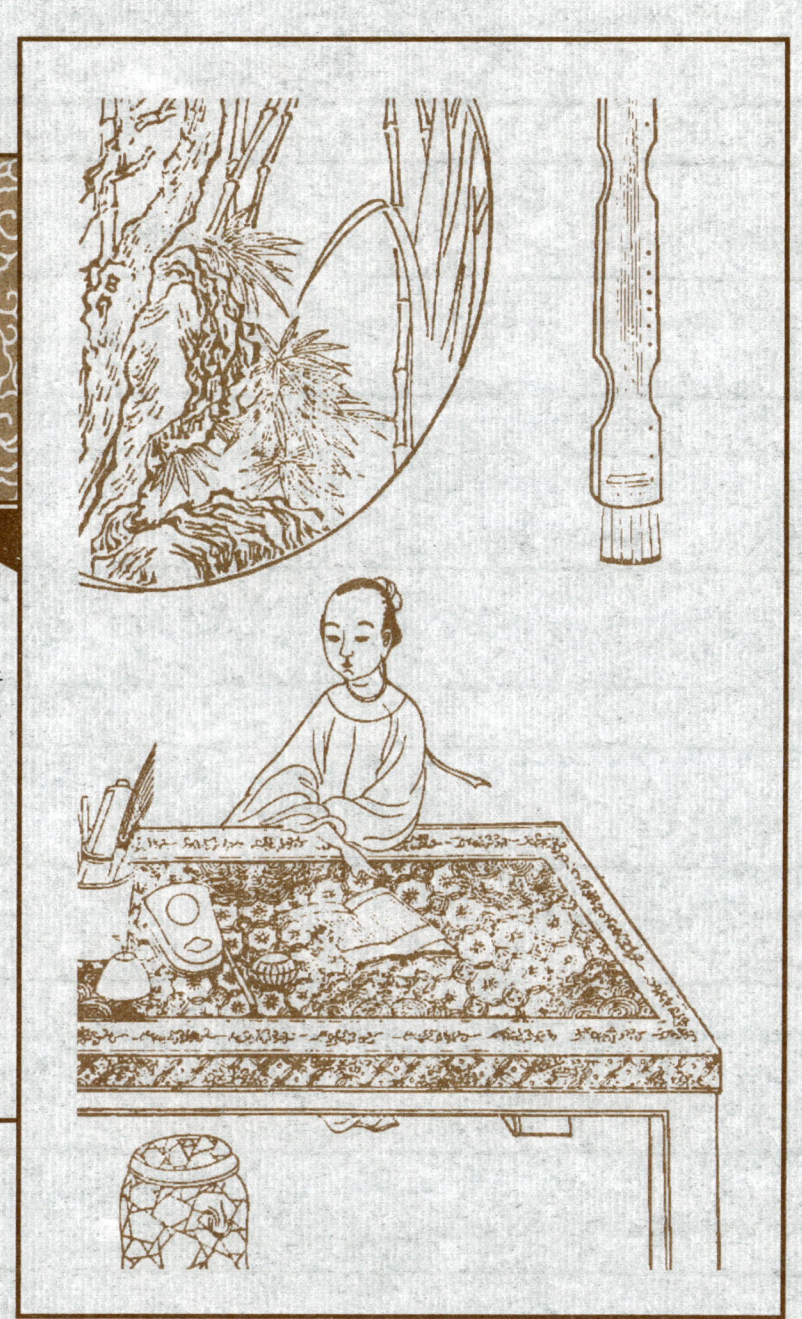

桓譚，字君山，父成帝時爲太樂令，譚因好音律，善鼓琴，博學多通，遍習五經。建武中，大司空宋仲子薦譚才學洽聞，幾能及揚雄、劉向父子，於是召譚，拜議郎、給事中。帝每讌，輒令鼓琴，好其繁聲。仲子聞之，不悦，伺譚内出，正朝服坐府上，遣吏召之。譚至，不與席，而誚之曰：『吾所以薦子者，欲令輔國家以道德也。今數進鄭聲，以亂雅頌，非忠正也。能自改邪？將令相舉以法乎？』譚頓首謝，良久乃遣之。後大會群臣，帝使譚鼓琴，譚見仲子，失其常度。帝怪而問之，仲子乃離席，免冠謝曰：『臣所以薦桓譚者，望令以忠正導主，而令朝廷耽悦鄭聲，臣之罪也。』帝改容謝之。

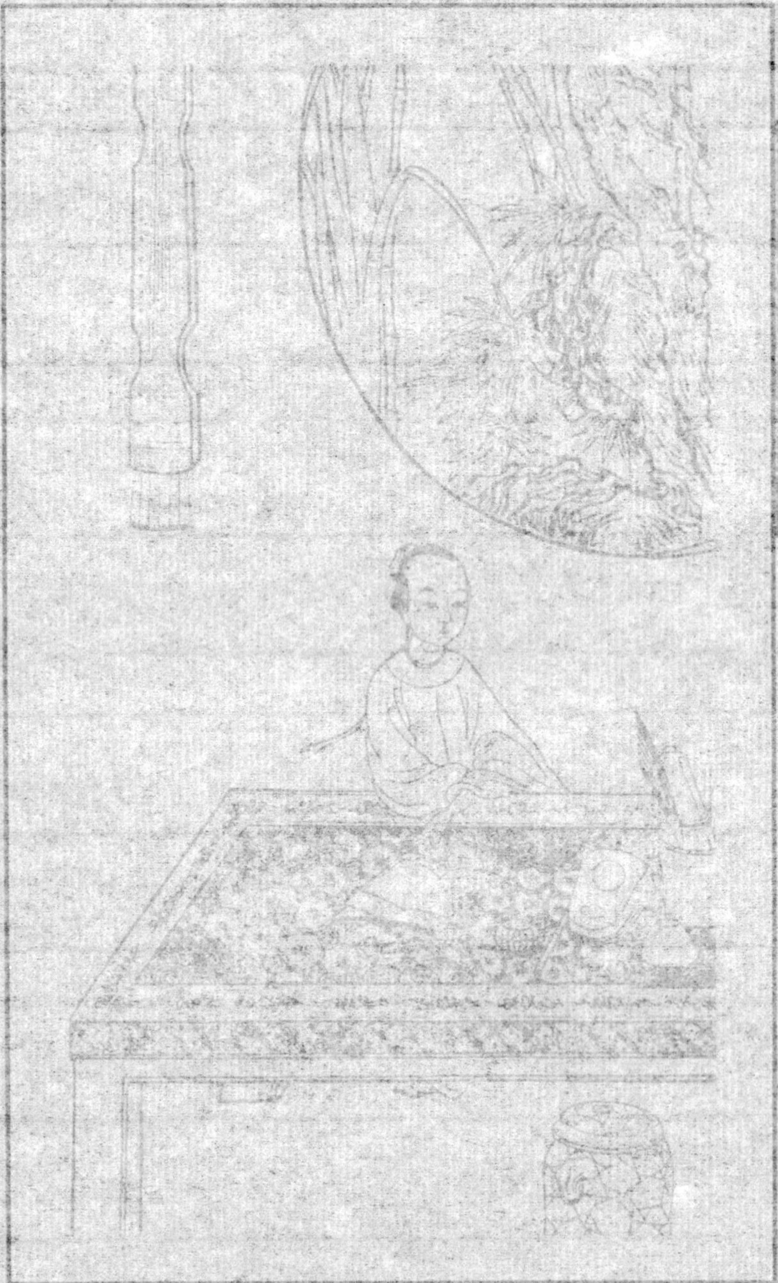

蓋譚之知音，兼於雅、鄭，不能守雅而奏鄭，以求悦於上，宜其見咎於君子也。前史又言譚嗜倡樂，何其好之不醇也歟！少時數從揚雄、劉歆辨析疑異，嘗謂子雲大才而不曉音，子雲曰：『事淺者易喜，理深者難識，卿何不識雅頌而好鄭聲也？』蓋子雲譏其不能爲醇儒耳。譚又嘗曰：『吾志樂聽音，終日而心不足，由是察之，深其旨則欲罷不能，不入其意則一過而已。』此所以自解也。譚嘗著書二十九篇，言當世行事。其一篇曰《琴道》，有『發首』一章。會卒，肅宗使班固續成之，蓋能舍鄭而適雅。予恨未得而見之。嗚呼！去古浸遠，正音不聞，今之爲樂者，其孰雅、鄭之辨哉？

趙定、龍德

趙定者，渤海人也。龍德者，梁國人也。宣帝元康、神爵間，數有嘉應，帝頗作歌詩，欲興協律之事。丞相魏相奏二人者能鼓琴，帝皆召之，入見宣室，使鼓琴待詔。定爲人尚清静，少言語，時閑燕爲散操，聞者多爲之涕泣。《漢志》載《雅琴趙氏》十篇、《雅琴龍氏》九十九篇，即此二人所作也。劉向云：『雅琴之意，皆出龍德諸琴雜事中。』惜哉！二書之逸，不克究其詳也。漢世雅樂未立，鄭音作於朝廷，遍於天下，獨定也、德也、中也以雅琴爲事，蓋好古博雅之士也。

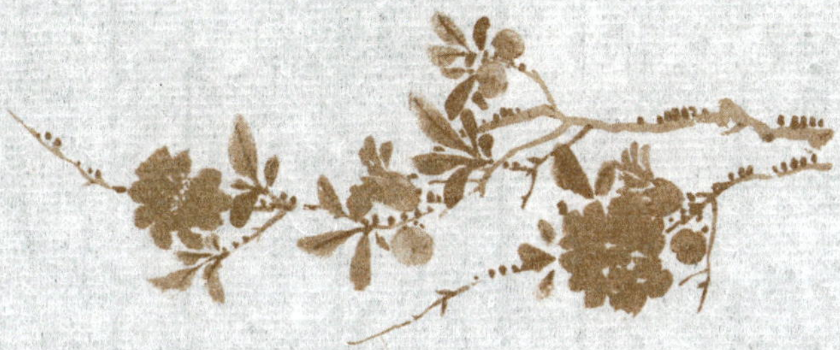

劉昆

劉昆，字桓公，陳留東昏人，梁孝王之後也。少習容禮，能彈雅琴，知《清角》之操。光武時，以老儒爲光禄勳。《清角》之操，自師曠後不聞有能者，而昆能知之，蓋達於樂者也。自昆之後，其知之者鮮矣。惜哉！

蔡邕

蔡邕，字伯喈，陳留圉人也。少博學，師事太傅胡廣，好辭章、數術、天文，妙操音律。嘗作《琴賦》曰：『言求茂木，周流四垂。觀彼椅桐，層山之陂。丹華煒燁，绿葉參差。甘露潤其末，涼風扇其枝。鸞鳳翔其顛，玄鶴巢其岐。考之詩人，琴瑟是宜。爾乃清聲發兮五音舉，發宮商兮動角羽，曲引興兮繁弦撫。然後哀聲既發，祕弄乃開。左手抑揚，右手裴回。指掌反覆，抑按藏摧。於是繁弦既抑，雅韻乃揚。仲尼思歸，《鹿鳴》三章。梁甫悲吟，周公《越裳》。青雀西飛，别鶴東翔。飲馬長城，楚曲《明光》。楚姬遺嘆，雞鳴高桑。走獸率舞，飛鳥下翔。感激玆歌，一低一昂。』

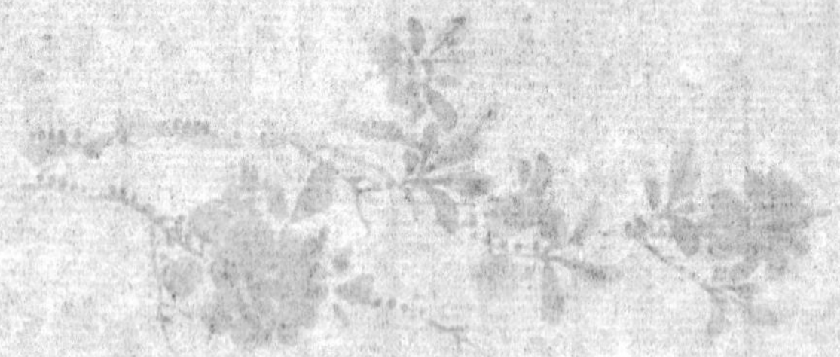

桓帝時，中常侍徐璜、左悺等五侯擅恣，聞邕善鼓琴，即白天子，敕陳留太守督促發遣，邕行次偃師，稱疾而歸。後應辟，累遷議郎，疏論奄宦，謫徙朔方。既會赦還，乃亡命江海，遠迹吴會。嘗經會稽高遷家，見屋椽竹東間第十六可以爲笛，取用之，奇聲獨絶。吴人有燒桐以爨者，邕聞火裂之聲，知良材也，裁以爲琴，果有美音，而其尾猶焦，時人名曰『焦尾琴』焉。

董卓爲司空，聞邕名高，辟之，稱疾不就。卓大怒，將害邕，邕不得已，遂應命。既至，旬日之間歷三臺，卓重其才，遇邕甚厚，每集燕，輒令邕鼓琴贊事，邕亦每存開益。後坐卓爲司徒王允所誅，天下惜之。

邕在陳留，其鄰人有以酒食召邕，比往，客有彈琴於屏，邕至門，試潛聽之，曰：『嘻！以樂召我而有殺心，何也？』遂反，將命者以告主人，遽自追而問其故。邕具以告，莫不憮然。彈琴者曰：『我向鼓弦，見螳螂向鳴蟬，將去而未飛，螳螂爲之一前一却，吾心聳然，惟恐螳螂之失蟬也。此豈爲殺心而形於聲者乎？』邕莞然而笑，曰：『此足以當之矣。』由此觀之，人之善惡存於思慮，則見於音聲，惟知音者能知之，故曰『惟樂不可以爲僞』。人之思慮且知之，則世之治亂舉不能隱矣。漢世樂道廢缺，如伯喈者，一人而已。

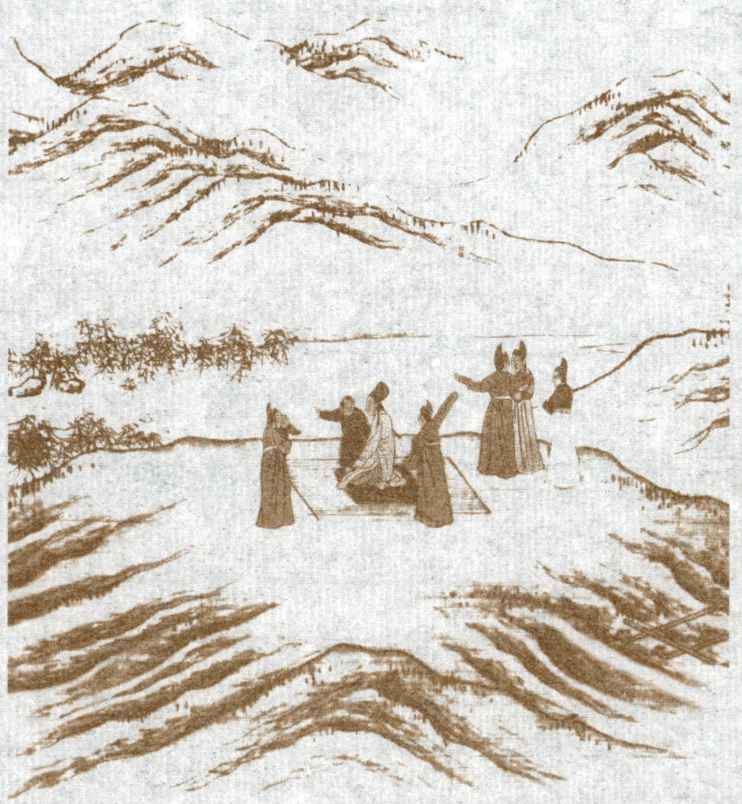

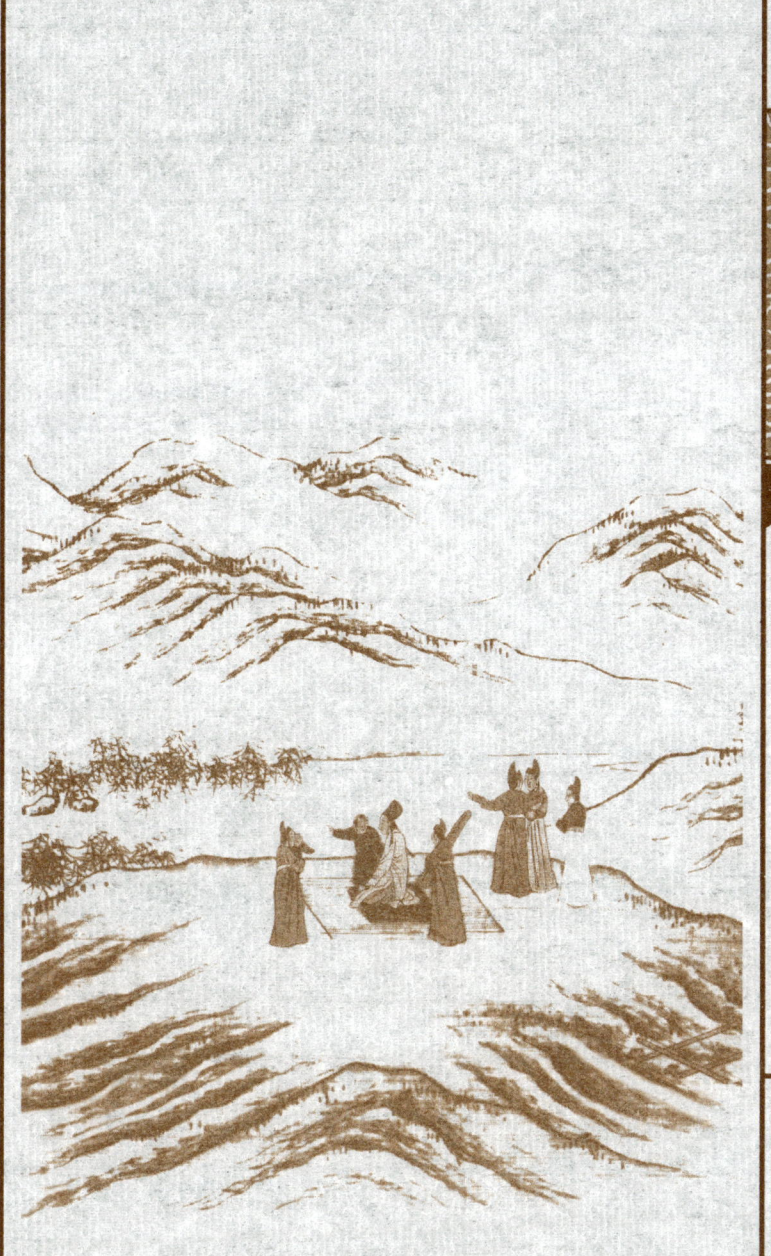

或云邕嘉平中嘗謁鬼谷先生，不遇，憩於清溪，遊覽巖谷。山有五曲，曲有幽居靈迹，每一曲製一弄。三年，曲成，出示，馬融、王允等異之，蓋所謂《遊春》《淥水》《幽居》《坐愁》《秋思》五弄，得於此也。余以爲不然，伯喈所以寓其哀思者，蓋在此五曲，特假物以名之耳。

噫！伯喈始不屈於五侯，而終見羈於董氏，豈流殛困窘，不堪其苦，而聊以息肩乎？將欲忠論正音，規諷暴戾，而感發其善心，以救生民乎？何所遭之不幸也！

邕所製焦尾琴，至南齊猶在主衣庫，明帝嘗以給王仲雄彈之。

蔡琰

蔡琰，字文姬，伯喈之女，妙音律。邕夜鼓琴，弦絕，琰曰：『第二弦。』邕故斷一弦，問之，琰曰：『第四弦。』皆不差謬。邕曰：『偶得之耳。』琰曰：『吴札觀樂，知興亡之國，師曠吹律，識南風之不競。由此觀之，何不知也？』少適河東衛仲道，夫亡無子，天下喪亂，爲胡騎所獲，没於南匈奴左賢王。在胡中十二年，生一子。曹操素與邕善，痛其無嗣，乃遣使以金璧贖之。既還，嫁陳留董祀，嘗感傷亂離，追悼懷憤，賦詩二章。其二章曰：

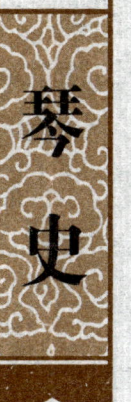

嗟薄祜兮遭世患，宗族殄兮門户單。身執略兮入西關，歷險阻兮之羌蠻。山谷渺兮路漫漫，眷東顧兮但悲嘆。冥當寢兮不能安，飢當食兮不能餐。常流涕兮眦不乾，薄志節兮念死難，雖苟活兮無形顔。惟彼方兮遠陽精，陰氣凝兮雪夏零。沙漠壅兮塵冥冥，有草木兮春不榮。人似禽兮食臭腥，言兜離兮狀窈渟，歲聿暮兮時邁征。夜悠長兮禁門扃，不能寐兮起屏營。登胡殿兮臨廣庭，玄雲合兮翳月星。北風厲兮肅泠泠，胡笳動兮邊馬鳴。孤雁歸兮聲嚶嚶，樂人興兮彈琴箏，音相和兮悲且清。心吐思兮匈憤盈，欲舒氣兮恐彼驚，含哀咽兮涕霑膺。家既迎兮當歸寧，臨長路兮捐所生。兒呼母兮號失聲，我掩耳兮不忍聽。追持我兮走煢煢，頓起復兮毀顔形。還顧之兮破人情，心怛絶兮死復生。

此乃悼漢室之圮絶，嗟生民之罹災，往則遭戎狄之困辱，歸則痛天性之永隔，聞者可爲之嘆息。世傳《胡笳》乃文姬所作，此其意也。

杜夔

杜夔，字公良，河南人，邃於聲律，聰思過人，絲竹八音，靡所不能。爲魏太樂令，紹復先代古樂，皆自夔始。帝嘗對賓客，欲使吹笙鼓琴，夔有難色，帝怒，以他事黜之。或云夔妙於《廣陵散》，嵇康就其子孟求得此聲。

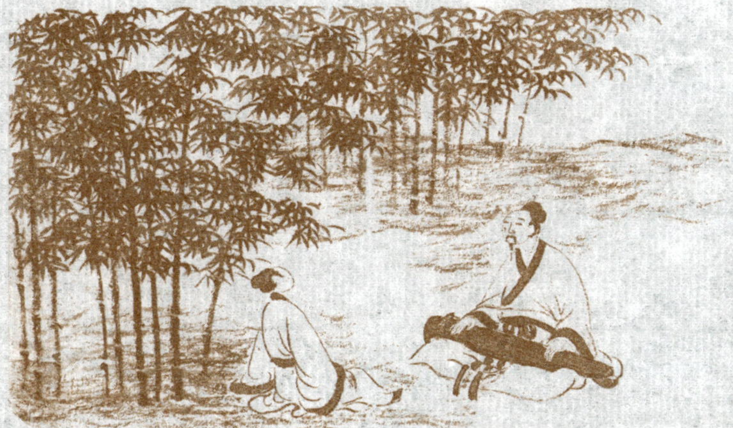

孫登

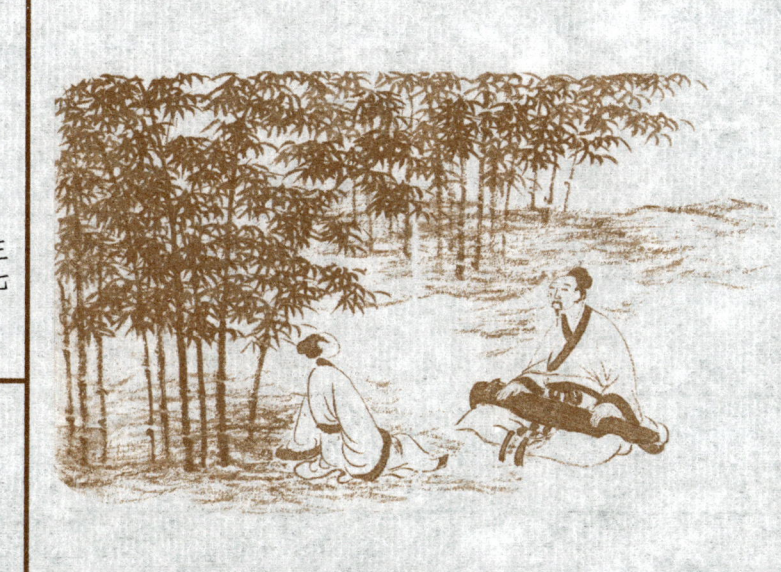

孫登，字公和，汲郡共人，有道而隱者也。好讀《易》、鼓琴，性無恚怒。阮嗣宗、嵇叔夜嘗從之遊，與之語，多不答。叔夜將別，戒之曰：『子才多識寡，難乎免於今之世矣！』康果遭非命。叔夜善彈琴，至見登彈一弦琴，以成音曲，乃嘆服。又嘗聞其嘯聲，若鸞鳳之音，振動山谷，益以爲異。後不知所終，仙家以爲尸解也。

阮瑀

阮瑀，字元瑜，陳留人，少受學於蔡伯喈。魏祖聞其名，辟之，不應。連見逼，後乃逃入山中。太祖使人焚山，得瑀，送太祖。太祖怒瑀不從，時在長安，大延賓客，召入，怒瑀，不與語，使就役人列。瑀善解意，能鼓琴，遂撫弦而歌，曲曰：『奕奕天門開，大魏應期運。青蓋巡九州，在東西人怨。士爲知己死，女爲悦者玩。恩義苟潛暢，他人焉能亂。』其曲既捷，音聲殊妙，當時冠坐，太祖大悦。後並與陳琳管記室。

阮籍

阮籍，字嗣宗，陳留尉氏人。居於魏晋衰亂之際，晦迹埋照，游乎四方之外也。尤嗜酒，能嘯，善彈琴。當其得意，忽忘形骸，時人以爲癡，而嗣宗益酣放不自拘。卒於步兵校尉，年五十四。嗣宗能爲青白眼，見俗士，以白眼待之。母喪，嵇喜來弔，以白眼待之，喜不懌而去。喜弟康聞之，乃齎酒挾琴造焉，嗣宗青眼。由是禮法之士薄之如讎矣。

兄子咸，字仲容，與嗣宗薦竹林之遊，而任達不殊，妙解音律，善彈琵琶。補始平太守，卒。子瞻，字千里，清虚寡欲，自得於懷，亦善彈琴，人聞其能，多往求聽，不問長幼貴賤，皆爲彈之，神氣冲和。內兄潘岳每令鼓琴，終日達夜，無忤色。由是識者嘆其恬澹，不可榮辱矣。以太子舍人卒，年三十。

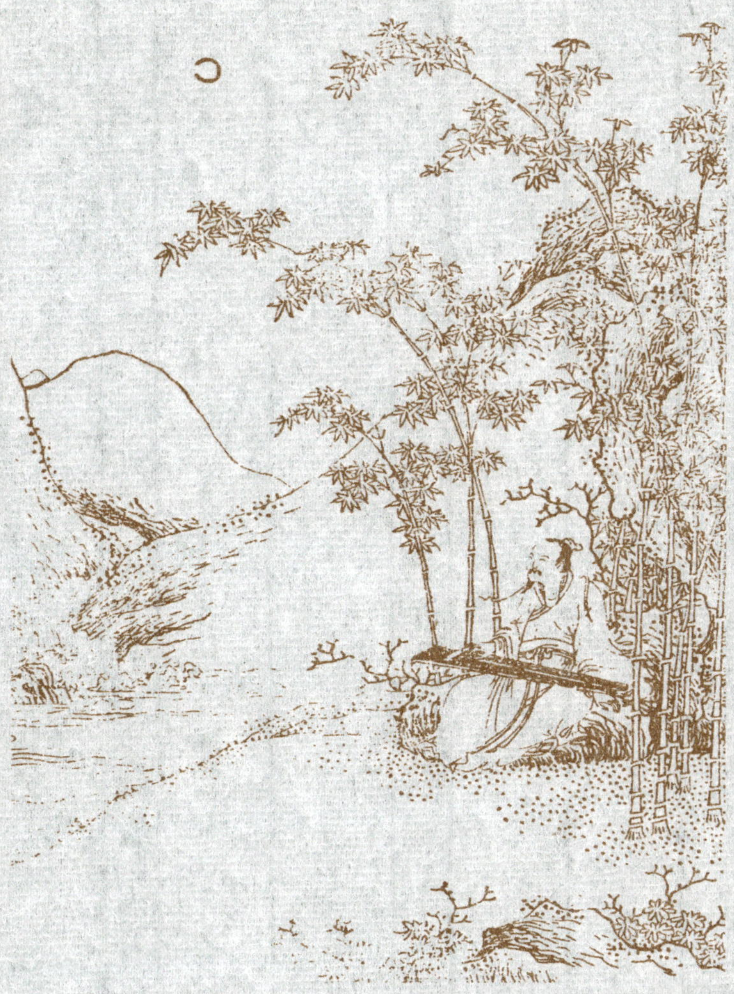

嵇康

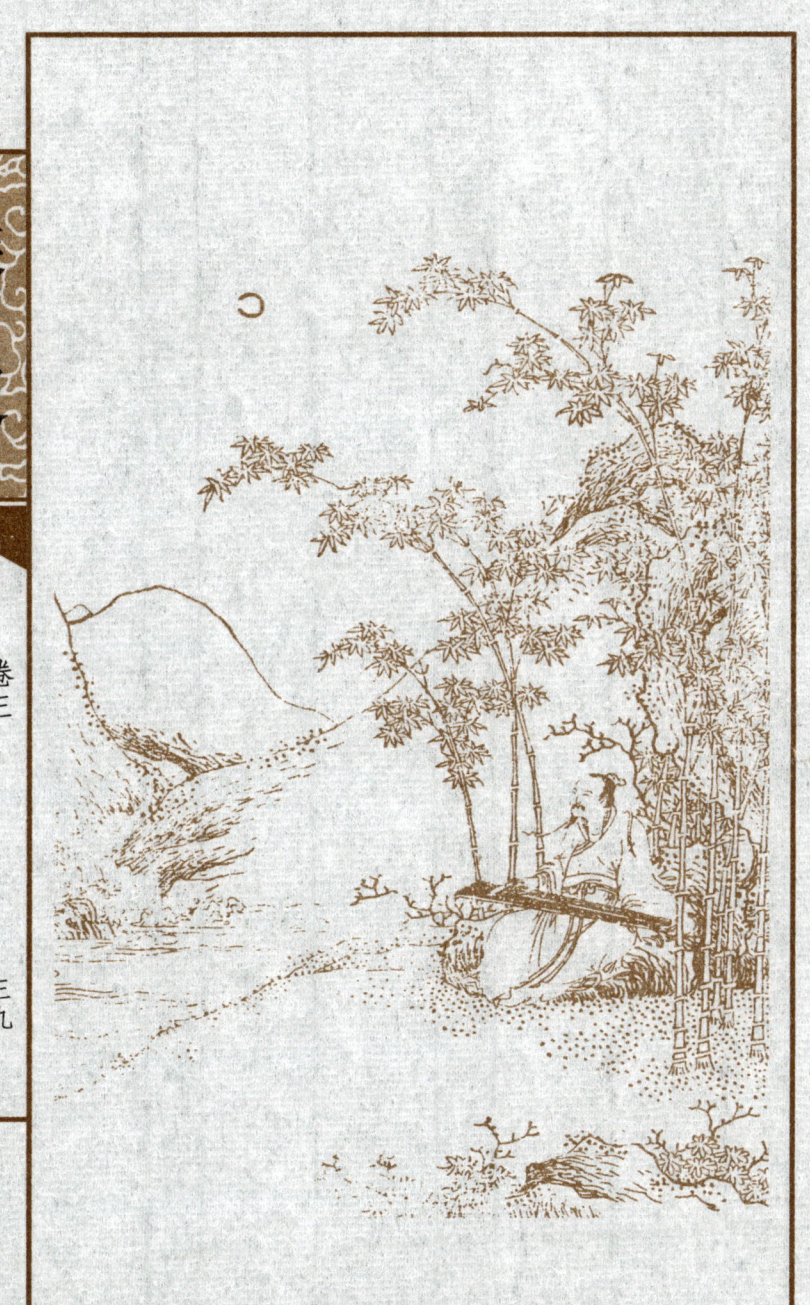

嵇康，字叔夜，譙國銍人也，有冠倫之才、韜世之量，導生以存道，居正以待時，而卒不見容於衰世，古今所悼愍者也。博綜技藝，特妙絲竹，以爲物有盛衰而此無變，滋味有厭而此不倦。可以導養神氣，宣和情志，處窮獨而不悶者，莫近於音聲也。嘗著《琴賦》，於琴德備矣。其辭曰：

惟椅桐之所生兮，託峻嶽之崇岡。披重壤以誕載兮，參辰極而高驤。含天地之醇和兮，吸日月之休光。鬱紛紜而獨茂兮，飛英蕤於昊蒼。夕納景於虞淵兮，旦晞幹於九陽。經千載以待價兮，寂神跱而永康。

且其山川形勢，則盤紆隱深，崔嵬岑嵒。玄嶺巉巖，岞

峆嶇崟。丹崖嶮巇，青壁萬尋。若乃重巘增起，偃蹇雲覆。邈隆崇以極壯，崛巍巍而特秀。蒸靈液以播雲，據神泉而吐溜。爾乃顛波奔突，狂赴爭流。觸巖觝隈，鬱怒彪休。洶涌騰薄，奮沫揚濤。瀄汩澎湃，蟺蜿相糾。放肆大川，濟乎中州。安迴徐邁，寂爾長浮。澹乎洋洋，縈抱山丘。詳觀其區土之所産毓，奥宇之所寶殖，珍怪琅玕，瑶瑾翕艶，叢集累積，奂衍於其側。爾乃春蘭被其東，沙棠植其西。涓子宅其陽，玉醴涌其前。玄雲蔭其上，翔鸞集其巔。清露潤其膚，惠風流其間。竦肅肅以靜謐，密微微其清閑。夫所以經營其左右者，固以自然神麗，而足思願愛樂矣。

於是遁俗之士，榮期、綺季之儔，乃相與登飛梁，越幽壑，援瓊枝，陟峻崿，以游乎其下。周旋永望，邈若凌飛。邪睨崐崘，俯闞海湄。指蒼梧之迢遰，臨迴江之威夷。寤時俗之多累，仰箕山之餘輝。羨斯嶽之弘敞，心慷慨以忘歸。情舒放而遠覽，接軒轅之遺音。慕老童於隗隅，欽泰容之高吟。顧兹桐而興慮，思假物以託心。乃斷孫枝，準、量所任。聖人攄思，製爲雅琴。乃使離子督墨，匠石奮斤。夔、襄薦法，班、倕騁神。鎪裛厠朗，密調齊均。華繪雕琢，布藻垂文。錯以犀象，籍以翠綠。弦以園客之絲，徽以鍾山之玉。爰有龍鳳之象，古人之形。伯牙揮手，鍾期聽聲。華容灼爍，發采揚明。何其麗也！伶倫比律，田連操張。進御君子，新聲憀亮。何其偉也！

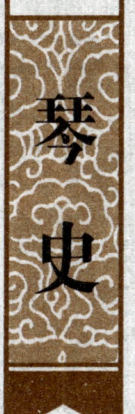

及其初調，則角羽俱起，宮徵相證。參發並趣，上下累應。踸踔磥硌，美聲將興，固以和昶而足耽矣。爾乃理正聲，奏妙曲，揚《白雪》，發《清角》。紛琳琅以流離，奐淫衍而優渥。粲奕奕而高逝，馳岌岌以相屬。沛騰遌而競趣，翕韡燁而繁縟。狀若崇山，又象流波。浩兮湯湯，鬱兮峨峨。怫愲煩冤，紆餘婆娑。陵縱播逸，霍濩紛葩。檢容授節，應變合度。兢名擅業，安軌徐步。洋洋習習，聲烈遐布。含顯媚以送終，飄餘響於泰素。若乃高軒飛觀，廣廈閑房。冬夜肅清，朗月垂光。新衣翠粲，纓徽流芳。於是器冷弦調，心閑手敏。觸摠如志，唯意所擬。初涉《淥水》，中奏《清徵》。雅昶唐堯，終咏《微子》。寬明弘潤，優遊躇峙。拊弦安歌，新聲代起。歌曰：凌扶摇兮憩瀛洲，要列子兮爲好逑。餐沆瀣兮帶朝霞，眇翩翩兮薄天游。齊萬物兮超自得，委性命兮任去留。激清響以赴會，何弦歌之綢繆。

於是曲引向闌，衆音將歇。改韻易調，奇弄乃發。揚和顔，攘皓腕。飛纖指以馳騖，紛𧪞譶以流漫。或裴回顧慕，擁鬱抑按。盤桓毓養，從容秘翫。闥爾奮逸，風駭雲亂。牢落凌厲，布濩半散。豐融披離，斐韡奐爛。英聲發越，采采粲粲。或間聲錯糅，狀若詭赴。雙美並進，駢馳翼驅。初若將乖，後卒同趣。或曲而不屈，直而不倨。或相凌而不亂，或相離而不殊。時劫掎以慷慨，或怨沮而躊躇。忽飄飄以輕邁，乍留聯而扶疏。或參譚繁促，複疊攢仄。縱横駱驛，奔

[illegible]

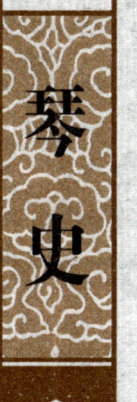

遁相逼。拊嗟累讚，間不容息。瓌豔奇偉，殫不可識。若乃閑舒都雅，洪纖有宜。清和條昶，案衍陸離。穆温柔以怡懌，婉順叙而委蛇。或乘險投會，邀隙趣危。嚶若離鵾鳴清池，翼若游鴻翔層崖。紛文斐尾，慊縿離纚。微風餘音，靡靡猗猗。或摟挽擽捋，縹繚潎洌。輕行浮彈，明嫿睩慧。疾而不速，留而不滯。翩緜飄邈，微音迅逝。遠而聽之，若鸞鳳和鳴戲雲中。迫而察之，若衆葩敷榮曜春風。既豐贍以多姿，又善始而令終。嗟姣妙以弘麗，何變態之無窮！

若夫三春之初，麗服以時。乃攜友生，以遨以嬉。涉蘭圃，登重基。背長林，翳華芝。臨清流，賦新詩。嘉魚龍之逸豫，樂百卉之榮滋。理重華之遺操，慨遠慕而長思。

若乃華堂曲宴，密友近賓。蘭殽兼御，旨酒清醇。進《南荆》，發《西秦》，紹《陵陽》，度《巴人》。變用雜而並起，竦衆聽而駭神。料殊功而比操，豈笙籥之能倫？若次其曲引所宜，則《廣陵》《止息》，《東武》《太山》，《飛龍》《鹿鳴》，《鵾雞》《游弦》。更唱迭奏，聲若自然。流楚窈窕，懲躁雪煩。下逮《謡俗》，蔡氏五曲，王昭、楚妃，《千里》《别鶴》，猶有一切承間簉乏，亦有可觀者焉。

然非夫曠達者，不能與之嬉遊；非淵静者，不能與之閑止；非放逸者，不能與之無吝；非至精者，不能與之析理也。若論其體勢，詳其風聲，器和故響逸，張急故聲清，間遼故音庳，弦長故徽鳴。性潔静以端理，含至德之和平。誠

可以感盪心志，而發洩幽情矣！是故懷慼者聞之，莫不憯懍慘悽，愀愴傷心。含哀懊咿，不能自禁。其康樂者聞之，則欨愉歡釋，抃舞踴溢。留連瀾漫，嗢噱終日。若和平者聽之，則怡養悅豫，淑穆玄真。恬虛樂古，棄事遺身。是以伯夷以之廉，顔回以之仁，比干以之忠，尾生以之信，惠施以之辨給，萬石以之訥慎。其餘觸類而長之，所致非一，同歸殊途，或文或質。總中和以統物，咸日用而不失。其感人動物，蓋亦弘矣。

於時也，金石寢聲，匏竹屏氣，王豹輟謳，狄牙喪味。天吴踴躍於重淵，王喬披雲而下墜。舞鸑鷟於庭階，游女飄焉而來萃。感天地以致和，況蚑行之衆類。嘉斯器之懿茂，咏兹文而自慰。永服御而不厭，信古今之所貴。

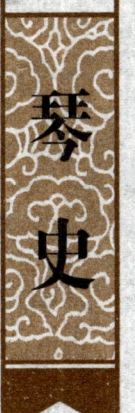

亂曰：愔愔琴德，不可測兮。體清心遠，邈難極兮。良質美手，遇今世兮。紛綸翕響，冠衆藝兮。識音者希，誰能珍兮。能盡雅琴，唯至人兮！

嘗爲中散大夫，時晉將簒魏，叔夜不樂仕進，鍾會以康負德望，勸司馬誅之。康臨刑，顧日景，索琴彈之，曰：『昔袁孝尼常從吾學《廣陵散》，吾每靳固之，《廣陵散》於今絕矣。』時年四十。

或云康遊於洛西，暮宿華陽亭，引琴而彈。夜久，忽有客詣之，自云古人，與康共談音律，辭致清辯，因索琴彈之，爲《廣陵散》，聲調絕倫，遂以授康，仍誓不傳，亦不言姓字。此説已怪，不足據也。知叔夜之意者，惟唐之李勉乎？

顧雍

顧雍，字元嘆，吴郡人也。蔡伯喈從朔方還，嘗避怨於吴，雍從學琴書，專一清净，敏而易教。伯喈貴異之，謂之曰：『卿必成遠致，今以吾名與卿。』故雍與伯喈同名。又字『元嘆』，言爲伯喈之所嘆異也。其後佐孫權，安輯江表，號爲賢相，邕誠知人云。

顧榮

顧榮，字彦先，吴人，吴丞相雍之孫也。以才用爲晋元帝軍司馬。雅與同郡張翰友善，謂翰曰：『樂酒可以忘憂，但無如作病何耳！』彦先素善琴，及卒，家人常置琴於靈坐。張翰哭之慟，既而上牀，鼓琴數曲，撫而嘆曰：『顧彦先復能賞此否？』因又慟哭，不弔喪主而去。

張翰

張翰，字季鷹，時人號爲『江東步兵』，齊王冏辟爲大司馬東曹掾。冏時執政，季鷹謂彦先曰：『天下紛紛，禍難未已，夫有四海之名者，求退良難。吾本山林間人，無望於時，子善以明防前，以智慮後。』彦先愴然曰：『吾亦與子采南山蕨，飲三江水耳。』翰因見秋風起，思菰菜鱸魚，遂命駕而歸，任心自適，不求當世。遭憂，以毁卒。

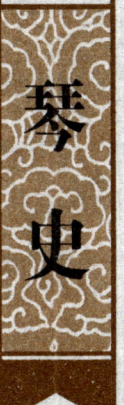

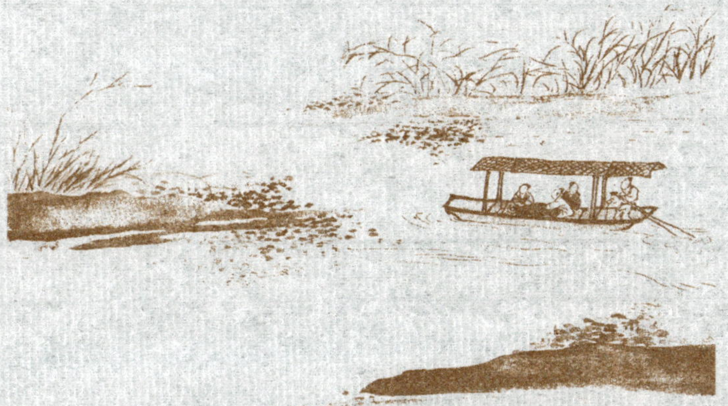

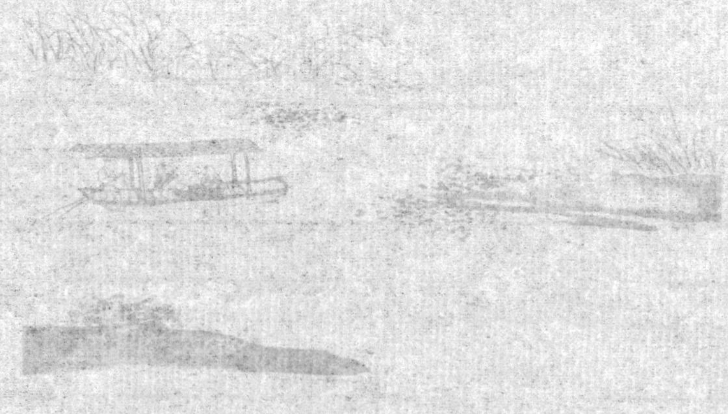